UNGARN

INSIDER-TIPP
Deine Abkürzung ins Erleben!

Reisen mit MARCO POLO Insider-Tipps

MARCO POLO TOP-HIGHLIGHTS

FŐ TÉR VON SOPRON 1

Allein der Blick vom Feuerturm ist im wahrsten Sinne top. Aber die gesamte Altstadt ist ebenfalls spitze

➤ S. 42, Transdanubien

SCHLOSS ESTERHÁZY 2

Das wohl schönste Schloss des Landes in Fertöd. Die Pracht des Lustschlosses teilt sich auch heute noch ungehindert mit

➤ S. 44, Transdanubien

PANNONHALMA 3

Das Benediktinerkloster mit seiner weltberühmten Bibliothek bringt dich zum Staunen

Tipp: Nimm die gigantischen Bücherregale mit Weitwinkel ins Visier

➤ S. 51, Transdanubien

ST.-MARIA-KIRCHE / MOSCHEE KASSIM GHASI 4

Herzstück der tollen Altstadt von Pécs. Und Symbol für das Zusammenleben verschiedener Kulturen: Heute ist die alte Moschee eine Kirche

➤ S. 58, Transdanubien

TIHANY 5

Der Plattensee von seiner besten Seite – schnuckelige Halbinsel und fantastische Aussicht aufs Ungarische Meer

➤ S. 72, Balaton

FISCHERBASTEI 6

Ausgangspunkt für die Entdeckung des Budaer Burgbergs, gleichzeitig Wahnsinnsaussicht auf die Hauptstadt (Foto)

📷 *Tipp: Knips unbedingt bei Dunkelheit: Nichts geht über den Blick aufs leuchtende Budapest*

➤ S. 82, Donauknie

OBERE BURG 7

Wenn man überhaupt von luftigen Höhen sprechen kann, dann hier in Visegrád: ein Traumpano rama des Donauknies

📷 *Tipp: Komm so spät wie möglich – die Abendsonne taucht den Fluss in ein fantastisches Licht*

➤ S. 91, Donauknie

HORTOBÁGY-NATIONALPARK 8

Die faszinierende Graslandschaft der ungarischen Puszta sucht in Europa ihresgleichen

📷 *Tipp: Unterwegs von Hortobágy nach Debrecen gibt's einen kleinen Aussichtsturm*

➤ S. 101, Große Tiefebene

BISCHOFSPALAIS 9

Neben Burg und Basilika das Highlight im Highlight der Altstadt von Eger

➤ S. 114, Nordungarn

BARADLA-HÖHLE 10

Das Höhlensystem im Nationalpark Aggtelek ist ein Naturschauspiel mit Tropfsteinwundern und großartigen Felsformationen

📷 *Tipp: Fotos mit Blitz sind in der Höhle nicht ideal. Stell lieber auf Dunkelmodus*

➤ S. 121, Nordungarn

INHALT

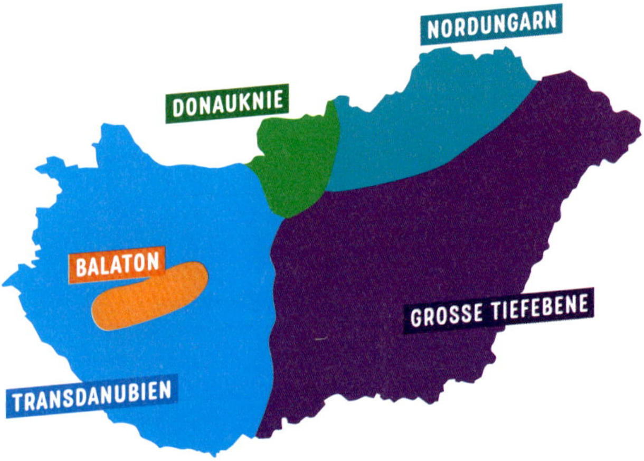
NORDUNGARN
DONAUKNIE
BALATON
GROSSE TIEFEBENE
TRANSDANUBIEN

Besuch planen
€-€€€ Preiskategorien
(*) Kostenpflichtige Telefonnummer
Essen/Trinken
Shoppen
Ausgehen
Top-Strände

(A2) Herausnehmbare Faltkarte
(a2) Zusatzkarte auf der Faltkarte
(0) Außerhalb des Faltkartenausschnitts

BESSER PLANEN MEHR ERLEBEN!

Digitale Extras
go.marcopolo.de/app/ung

DAS BESTE ZUERST

Das Gellért-Thermalbad in Budapest

36C°

BEST OF BEI REGEN

SCHÖN, AUCH WENN ES REGNET

PLANSCHEN AUF DEM DACH

Unterm Gellért-Berg in Budapest liegt das *Rudas-Bad,* 450 Jahre alt, aber sehr schick in Schuss. Clou: der Pool auf dem Dach, in dessen warmem Thermalwasser der Regen ganz bestimmt nicht stört!

➤ S. 87, Donauknie

ZUG UM ZUG UMS UNGARISCHE MEER

Wenn die Fahrrad- oder Wandertour am *Balaton* entlang nicht möglich ist, dann bietet eine Bahnfahrt die besten Aussichten. Die Schienen führen nämlich auch einmal herum um das riesige Gewässer.

➤ S. 65, Balaton

A NIGHT AT THE OPERA

Bei einem Besuch der *Oper* in Budapest kannst du den Musikgenuss mit einer Besichtigung dieses außerordentlichen Hauses verbinden. Danach stehen in direkter Nachbarschaft zahllose Lokale, Cafés und Restaurants zur Verfügung – teils die ganze Nacht geöffnet. Und bei starkem Regen flüchtest du direkt in die Metrostration „Opera". (Foto)

➤ S. 85, Donauknie

EIN ABEND IM WEINKELLER

Zahlreiche Orte in Ungarn haben schöne Weinkeller zu bieten. Besonders spannend ist das *Liebfrauental* von Eger, wo sich ein Weingut an das nächste reiht. Und ein paar nette Lokale gibt´s auch gleich daneben.

➤ S. 117, Nordungarn

HÖHLENWUNDER ENTDECKEN

Erstaunliche, geheimnisvolle, viele Kilometer lange unterirdische Systeme – über Ewigkeiten von der Natur erschaffen – laden in der *Baradla-Höhle* zu mehrstündigen Touren ein. Zwar kühl, aber garantiert ohne Niederschlag.

➤ S. 121, Nordungarn

BEST OF LOW-BUDGET

FÜR DEN KLEINEN GELDBEUTEL

ORGELKLÄNGE IN PÉCS
Im *Dom St. Peter und Paul* kannst du an fünf Tagen der Woche völlig kostenlos herrliche Orgelmusik hören, anstatt dir für beträchtliches Geld mühsam ein kleines Konzert zu bestellen.
➤ S. 59, Transdanubien

WEIN ÜBERM BALATON KOSTEN
In *Badacsony* genießt du einen der schönsten Ausblicke auf den Plattensee per Auto, per Fahrrad oder zu Fuß von einem Sträßchen auf halber Höhe des Bergs. Und die Weinprobe an den Winzerbüdchen entlang des Wegs ist gratis.
➤ S. 70, Balaton

ZUR FEIER DES TAGES EINTRITT FREI
An den staatlichen Feiertagen 15. März, 20. August und 23. Oktober kannst du viele Museen im ganzen Land besuchen, ohne die Geldbörse zu zücken – darunter das *Margit-Kovács-Museum* in Szentendre, das Werke der bekannten Keramikkünstlerin und Bildhauerin zeigt.
➤ S. 89, Donauknie

RADELN IN DER METROPOLE
Bei *Bubi,* dem Fahrradverleih der Budapester Verkehrsbetriebe, kannst du Räder an zahlreichen Stationen ausleihen und gratis bis zu 30 Minuten nutzen. Einfach anmelden und in die Pedale treten! (Foto)
Donauknie

GESUNDBRUNNEN
Den Platz vor dem Thermalbad von Eger schmückt ein *Brunnen,* aus dem ständig hervorragendes Mineralwasser der Heilquelle fließt – kostenlos. Nur ein wenig Geduld ist gefragt: Auch die Einheimischen wissen diesen Service zu schätzen.
➤ S. 117, Nordungarn

BEST OF

MIT KINDERN

SPANNENDES FÜR GROSS & KLEIN

TUFF, TUFF, TUFF!
Ab dem Städtchen Gyöngyös verkehrt eine kleine *Schmalspurbahn* nach Mátrafüred und Lajosháza – eine entspannte Tour durch die schöne Landschaft des *Mátra-Gebirges*, von der bisher noch keine Generation jemals enttäuscht war.
➤ S. 112, Nordungarn

AUF DEM BAUERNHOF
Wenn man in der *Naturschutzmeierei Salföld* ankommt, beginnt sofort der Spaß für die Kids – und für Eltern die Entspannung: Auf dem Spielplatz ist immer etwas los, aber noch spannender sind die süßen Tierchen, die man streicheln, füttern, reiten oder einfach nur bewundern kann.
➤ S. 71, Balaton

HEUTE IST BADETAG!
Im großen Hallenbadkomplex von *Bad Bük* haben die Kleinen mit Rutschen, Wirbeln und vielem mehr eine Menge Freude. Und für Erwachsene hat das Erlebnisbad auch einiges in petto wie Sauna und Wellnessbereich.
➤ S. 47, Transdanubien

HAI, WIE GEHT'S?
Die Kids kriegen den Mund gar nicht mehr zu vor Staunen, wenn sie im Tunnel des *Tropicariums* in Budapest unter hin- und herschwimmenden Haien durchgehen. Die Rochen können sogar gestreichelt werden. Und Schlangen und große Spinnen zum Gruseln gibt's auch. (Foto)
➤ S. 86, Donauknie

AUF SAFARI AM PLATTENSEE
Strauße, Gazellen, Antilopen, Zebras, Kamele und einige andere afrikanische Tierarten gibt es im *Afrika-Museum* in Balatonederics. Besonderen Spaß macht den Kids aber der Dschungelpfad mit Baumhaus. Vom Aussichtsturm schaut man auf den Balaton.
➤ S. 70, Balaton

WARME QUELLEN

Das Naturwunder des *Thermalsees von Héviz,* dessen Wasser selbst im Winter nie kälter als 22 Grad wird, verbindet zwei der schönsten Erlebnisse in Ungarn: das Baden in einer der zahlreichen Heilquellen und die Freude an einem idyllischen See.

➤ S. 68, Balaton

SÜSSE PFANNKUCHEN

Die echten, köstlich gefüllten Gundel-Palatschinken gibt es im Stammhaus der Familie *Gundel* – oder, etwas günstiger und direkt daneben, in ihrem zweiten Restaurant *Bagolyvár.*

➤ S. 86, Donauknie

OSMANISCHE SPUREN

Christentum trifft Islam: Pécs verbindet diese beiden Weltreligionen in einem einzigen Gebäude, der *St.-Maria-Kirche* am Széchenyi tér. Niemand versuchte hier zu vertuschen, dass in dem Gotteshaus einst eine Moschee residierte. Wenige Spuren der langen türkischen Okkupation Ungarns kann man noch überall im Land entdecken.

➤ S. 58, Transdanubien

BERÜHMTER WEIN

„Euch soll sogleich Tokajer fließen.": Schon Goethe wusste, dass es in Auerbachs Keller nur einen besonderen Tropfen für Faust und Mephisto geben kann, nämlich Weißwein aus Tokaj, dem malerischen Städtchen im Nordosten Ungarns. Von seiner historischen Seite zeigt er sich im Weinkeller des *Tokaj-Museums.*

➤ S. 120, Nordungarn

SCHARFE SCHOTEN

Überall im Land hängen im Herbst die dunkelroten Gewürzpaprikaschoten vor den Häusern und Läden, hübsch arrangiert. Im Städtchen Kalocsa zeigt das *Paprikamuseum* Geschichte und Anwendung dieses Gewächses. (Foto)

➤ S. 105, Große Tiefebene

SO TICKT UNGARN

Ein Barkas B 1000 als DDR-nostalgischer Foodtruck in Budapest

ENTDECKE UNGARN

Der Hauptplatz von Sopron mit der Dreifaltigkeitssäule, überragt vom Feuerturm

Wunderbare Landschaften, Genuss in Thermalbädern und Restaurants, das reiche Erbe einer 1000-jährigen Geschichte – in Ungarn ist alles inklusive! Wasserparadiese und Weingüter haben immer mehr Gegenden in Wohlfühloasen verwandelt. Prachtvolle Städte sind umrahmt von mächtigen Bergen, weiten Steppen, Seeidyllen und Flusslandschaften.

ZEITMASCHINE UND SCHMELZTIEGEL

Unterwegs in Ungarn erlebst du vor allem eine erstaunlich abwechslungsreiche Natur – von der legendären Puszta über die ursprünglichen Wälder des Bakony-Gebirges und die berühmten Weinregionen wie Eger und Tokaj bis zu den Alpenausläufern im Westen. Die Zeitmaschine wird angeschmissen bei der Entdeckung reicher Kulturschätze: Die Ära der Römer lebt auf durch Ausgrabungen

896 Magyaren unter Fürst Árpád erobern das Karpatenbecken

1000 Stephan (975–1038) wird erster ungarischer König

1458 Renaissancekönig Matthias regiert bis 1490

1526 Niederlage gegen die Türken bei Mohács. 1697 endet die Herrschaft der Osmanen

1849 Die Bürgerliche Revolution unter Lajos Kossuth scheitert

1867 Die k. u. k. Doppelmonarchie Österreich-Ungarn wird gegründet. Sie zerfällt 1918

in Tác-Gorsium oder im Ruinengarten von Szombathely. Eine Augenweide sind die restaurierten mittelalterlichen Altstädte von Kőszeg oder Sopron. Barocke Stadtpracht zeigt sich in Eger, Győr, Vác, Kalocsa und Szentendre. Klassizismus in Debrecen und Szeged. In Westungarn wandelst du eher auf österreichischen Spuren, im herrlichen Pécs dagegen auf türkischen. Ganz im Süden ist der Balkan zu spüren, während im Norden geheimnisvolle Höhlensysteme Ungarn mit der Slowakei verbinden.

UNGARN REGT DIE FANTASIE AN

Woran denkst du ganz spontan, wenn du „Ungarn" hörst? An kitschige Geigenmusik und Tanz, an Kesselgulasch, an Salami, an Wein, an Budapest, an die mächtige Donau, an den Plattensee, wo sich früher Ost- und Westdeutsche trafen und manchmal auch verliebten? So viele Eindrücke, Bilder und Stichwörter verbinden sich mit dem Land der Magyaren, das wie eine Insel daliegt, umschlossen von den Karpaten. Aus den eurasischen Steppen kamen die Reiternomaden, die Ungarn begründeten. Am deutlichsten zeigt sich dessen Anderssein an der Sprache. Sie hat nichts mit denen der Nachbarn gemeinsam.

SANFTE HÜGEL UND PLATTER SEE

Landschaftlich teilt sich Ungarn entlang der Flüsse: Westlich der Donau liegt das hügelreiche Transdanubien. Der Plattensee, in Ungarn Balaton genannt, ist auch für die Einheimischen selbst etwas ganz Besonderes. Sie lieben ihr „Ungarisches Meer" heiß und innig, viele besitzen Sommerhäuser dort. Nicht zu vergessen die

1920 Ungarn verliert mit dem Frieden von Trianon 70 Prozent seines Territoriums

1949 Sozialistische Volksrepublik, brutale Niederschlagung des Aufstands 1956

1989 Ausrufung der Republik

2004 Ungarn wird EU-Mitglied

2015 Ungarn macht die Grenzen für Flüchtlinge dicht

2019 Bei Kommunalwahlen erleidet Regierungschef Orbán erstmals eine Niederlage

Zehntausenden Deutschen und Österreicher mit Zweit- oder gar Erstwohnsitz am Balaton. Im Sommer wird es richtig voll, doch keine Sorge: Ballermann gibt´s hier nicht, allerhöchstens im Hochsommer in der Partymetropole Siófok. Mit seinen bis über 1000 m hohen Mittelgebirgen ist Nordungarn die höchstgelegene Region. Daran schließt sich die Große Tiefebene östlich der Donau an, die weite, flache Puszta mit ihren Zungenbrecher-Ortsnamen.

STOLZ UND SCHMERZ

Ungarn im Jahr 2020, das ist auch immer noch Viktor Orbán. Wer die heutigen Ungarn begreifen will, muss ihre Geschichte in groben Zügen verstehen. Die Ungarn sehen sich als stolze Nation mit großer Geschichte, die sich ihr Land damals nehmen musste und es seither verteidigt. So ist auch der Schock besser zu verstehen, den die Ungarn erlebten, als ihnen nach dem Ersten Weltkrieg im Vertrag von Trianon gut zwei Drittel ihres Territoriums aberkannt wurden. Der Schmerz wirkt bis heute nach – und kann von Populisten, Demagogen und radikalen Parteien auch im 21. Jh. immer noch bestens ausgenutzt werden.

VIELVÖLKERTRADITION MIT SCHWÄBISCHEM EINFLUSS

Ungarn, mit 93 030 km^2 knapp doppelt so groß wie Niedersachsen, heißt im Original *Magyarország* – Land der Magyaren: Diese stellen etwa 90 Prozent der rund 10 Mio. Einwohner. Das war nicht immer so. Lange machten die Magyaren nicht einmal die Hälfte der Bevölkerung aus, Deutsche und Österreicher bildeten die einflussreichsten Schichten. Heute sind die geschätzt rund 1 Mio. Sinti und Roma die zweitgrößte ethnische Gruppe. Meistens leben sie separat in ihren Dörfern oder Siedlungen, die Vorbehalte gegen sie sind groß. Den Kern der über 100 000 Menschen zählenden deutschen Minderheit bilden die Donauschwaben, die ein faszinierendes, altertümliches Deutsch sprechen.

NOSTALGIE UND AUFBRUCH

Der Fall des Eisernen Vorhangs begann in Ungarn. Im Sommer 1989 ließen die ungarischen Grenzbeamten am Neusiedler See plötzlich große Gruppen von DDR-Flüchtlingen nach Österreich marschieren. Die Ungarn selbst erreichten endlich wieder Selbstbestimmung, und nach dem Beitritt des Landes zur EU 2004 war die Rückkehr nach Europa vollzogen. Doch mit dem Sozialismus verschwand auch die Rundumversorgung durch den Staat – so extrem bescheiden sie auch war. Oft wird dir eine Verklärung des Kommunismus begegnen: Das Leben war einfacher, der Staat hat für alles gesorgt, man war jung und verliebt … Aber es gibt auch viele, die anpacken, etwas riskieren und erreichen wollen. In Budapest wurde 2019 ein Grüner zum Bürgermeister gewählt. Hochkarätige Musikfestivals, Pride-Paraden, klassische und alternative Kneipen- und Clubszenen, Open-Air-Partys, altmodische Weinfeste und traditionelle Trachtenumzüge ergänzen sich aufs Allerbeste. All das ist Ungarn heute!

AUF EINEN BLICK

9.773.000
Einwohner

Schweiz: 8.545.000

5,3 Mio.
Ungarn
besitzen ein Smartphone

2106 km
Grenzlänge

Deutschland (Festland): 3714 km

93.030 km²
Fläche

Österreich: 83.879 km²

HÖCHSTER BERG: KÉKES

1014 m

Brocken (Harz): 1141 m

GRÖSSTER SEE: PLATTENSEE

594 km²

Bodensee: 536 km²

THERMALQUELLEN

ca. 1000

Darunter die meisten Heilquellen Europas

8 UNESCO-WELTERBESTÄTTEN

u.a. Frühchristlicher Friedhof von Pécs, Hortobágyi-Nationalpark, Abtei Pannonhalma, Tokajer Weinregion

BUDAPEST

Größte Stadt mit 1.752.286 Einwohnern

BERÜHMTE PERSONEN
Franz Liszt, Ferenc Puskás
Imre Kertész, Béla Bartók

AUF ÜBER 2000 HA WIRD IN UNGARN PAPRIKA ANGEBAUT – WELTREKORD

UNGARN VERSTEHEN

ZUNGENBRECHER

Das kommt mir Finnisch vor – könnte vielleicht denken, wer ungarische Wörter vor der Nase hat und sich mit Nordeuropa auskennt. Ja, richtig, vor ewig langer Zeit hatten Ungarisch, Finnisch und Estnisch die gleichen Wurzeln. Aber Finnisch hin oder her: Konfrontiert mit der Sprache der Magyaren wirst du eher seufzen und gleichzeitig erleichtert durchatmen, denn man kommt doch fast überall mit Deutsch oder Englisch zurecht. Lustig sind Wortungeheuer wie *megszentségteleníthetetlenséges* (etwas Heiliges, das man nicht entweihen kann) natürlich trotzdem. Andere Wörter wie *viszontlátásra* für „Auf Wiedersehen" sehen auf den ersten Blick schlimm aus, sind aber eigentlich ganz harmlos. Und Wörter wie *szálami* sind doch auch gut zu erkennen! Ihren Spaß haben die Ungarn mit Touristen beim Trinken: *egészségedre,* „Auf deine Gesundheit": Diesen Spruch hat der Gast schnell drauf – denkt er! Meist kommt nämlich die Aussprache von *egész seggedre* dabei heraus. Und das heißt: Auf deinen ganzen A… Also ein Prosit auf den Hintern. Noch etwas – wenn du dich wunderst, warum die Ungarn alle Nachnamen haben, die wie Vornamen klingen: Haben sie gar nicht. Der Familienname wird nur immer vorangestellt, so wie in Bayern („der Beckenbauer Franz").

GÄNSELEBER

Berühmt, aber leider eben auch berüchtigt ist Ungarn für seine Gänsezucht. Zahllose deutsche, schweizerische und österreichische Familien hatten schon einen ungarischen Gänsebraten auf dem Weihnachtsteller. Richtig beliebt ist auch die ungarische Gänseleber. Für Gänsestopfleber werden die Tiere auf brutale Weise zwangsernährt. Weil das Bewusstsein für diese Grausamkeit stieg, wird immer häufiger „ungestopfte" Gänseleber angeboten. Die sieht anders, „normaler", aus als die die gelbliche Stopfleber und ist auch erheblich günstiger zu haben. Achte trotzdem beim Kauf auf echte Zertifikate oder glaubhafte Biolabels wie das grüne Blatt der Europäischen Union.

INSIDER-TIPP
Nur mit echtem Label echt gut

HÄUSLEBAUER

Donauschwaben werden die Menschen genannt, deren Vorfahren im späten 17. und im 18. Jh. – nach der zerstörerischen Besetzung durch die Türken – von den Habsburgern ins Land der Magyaren geholt wurden. Für den Wiederaufbau Ungarns wurden vor allem Bauern und Handwerker gebraucht. Zu den Einwanderern, die die verödeten Landstriche wieder besiedeln sollten, gehörten auch eine halbe Million Deutsche, vor allem aus Süddeutschland. Der Einfachheit halber bezeichnete man sie einfach alle als „Schwaben". Nach dem Zweiten Weltkrieg wurde das Gros der Ungarndeutschen vertrieben. Heute leben etwa 100 000 Menschen in Ungarn, die zur deutschen Minderheit zählen. Nicht alle sprechen Deutsch, aber viele pflegen ihre Wurzeln in Schulen, Heimatvereinen und Kulturzentren.

RÖSTTEMPEL

Budapest hatte um 1910 herum etwa 500 Kaffeehäuser, und nicht wenige wurden als Intellektuellentreffpunkte zum Mythos. Heute erlebt die schöne *kávéház*-Tradition eine Renaissance. Der Klassiker, das Kaffeehaus Gerbeaud, hat Gesellschaft bekommen: In neuem altem Glanz erstrahlt beispielsweise das Café Centrál, und auch das berühmte New York wurde im Hotel New Palace wiedereröffnet.

In jeder größeren Stadt gibt es mindestens eine von diesen schicken Adressen. Aber es muss ja auch nicht immer nobel sein. Ob in Kleinstädten oder mitten in der Pampa – in einer der guten alten Konditoreien, *cukrászda,* schmeckt das Nationalgetränk auch super – vor allem zusammen mit einem süßen Törtchen. Und dann sprießen gerade auch viele kleine etwas alternativ angehauchte Cafés aus dem Boden, die selbst rösten und blenden. Alles Fair Trade, versteht sich.

Aber bitte mit Sahnehäubchen: Das Gerbeaud ist ein Kaffeehaus-Klassiker in Budapest

GLAUBENSFRAGEN

Selbst kleine Dörfer in Ungarn haben oft zwei, nicht selten sogar drei Kirchen. Das liegt nicht daran, dass die Menschen dreimal so fromm sind wie in anderen Ländern, sondern einfach an der wechselvollen Geschichte: Als die türkische Herrschaft niedergeschlagen war, kamen die Lehren Martin Luthers in Mode, denn auf den Katholizismus der Habsburger war man auch nicht gerade scharf. Ende des 16. Jhs. spaltete sich die protestantische Bewegung, die vorherrschende Rich-

Die Große Reformierte Kirche in Debrecen steht für die Reformation in Ungarn

tung bildeten die Calvinisten oder Reformierten. Ab Mitte des 17. Jhs. war der österreichische Einfluss dann aber auch in diesem Bereich nicht mehr aufzuhalten. Es begann eine massive Gegenreformation, und die Mehrheit der Bevölkerung nahm wieder den katholischen Glauben an.

Der Calvinismus hat sich aber trotzdem über die Jahrhunderte irgendwie gehalten. Um die Kirchen sofort unterscheiden zu können, schau einfach auf die Turmspitze: Die katholischen und evangelischen tragen ein Kreuz, die reformierten einen Stern.

MÄNNER AM KOCHTOPF

Ein Ungar am Herd? Am heimischen gewiss nicht. Aber wenn es um Ruhm, Ehre und Preise geht, packt Ungarns Männer die Kochleidenschaft – ob bei dörflichen Sommerfesten oder beim Gulaschfestival in Budapest, bei dem auch Politiker und Diplomaten am Herd stehen. Das Kochfestival „Auf den Spuren der königlichen Köche" in Nagyszakácsi ist ein dreitägiges Volksfest mit Umzug, Musik und Historienspielen. Die Renaissance gibt den Ton an, denn in Nagyszakácsi fand der Renaissancekönig Matthias seine besten Köche. Die Zubereitung der *halászlé* (Fischsuppe) haben die Herren der Schöpfung übrigens ganz für sich reserviert, denn sie ist die Krönung einer Passion ungarischer Männer: des Angelns. Man muss die Männer also nur richtig motivieren.

HIER SPIELT DIE MUSIK!

Im Land von Franz Liszt, Zoltán Kodály und des Operettenkönigs Emmerich

Kálmán spielt die Musik eine große Rolle. Die Musikerziehung hat eine lange Tradition und wird intensiv gepflegt. Die Budapester gehen mit Begeisterung ins Theater. Aber auch Städte wie Pécs, Győr, Debrecen und Szeged haben hervorragende Ballett- und Opernensembles. Zwei der weltweit herausragenden Vertreter der modernen E-Musik waren Béla Bartók und der Avantgardist György Ligeti.

Wem das alles ein bisschen zu E ist, der konzentriert sich einfach auf die Musikfestivals im Land, allen voran das extrem hochkarätige, jährliche *Sziget-Festival* auf der Budapester Margareteninsel. Hier spielen Top-Acts wie Foo Fighters, Florence & The Machine und Ed Sheeran. Ungarische Pop- und Rockmusiker sind bisher international eher weniger bekannt. Jazzfreaks in aller Welt schätzen den Crossover-Pianisten und Komponisten Kálmán Oláh.

ORBÁN

Den kennt man: Regierungschef seit Jahren, Paradebeispiel eines rechtsnationalen, autoritären Politikers in Mittelosteuropa. Stimmt. Kaum einer weiß aber, dass seine Partei Fidesz vor Ewigkeiten mal als Bund junger, antikommunistischer, liberal und weltoffen eingestellter Demokraten gegründet wurde. Erst nach einem schwachen Wahlergebnis 1994 schwenkte der frisch gewählte Parteichef Viktor Orbán kurzerhand von linksliberal auf konservativ um. 2010 wurde er wieder zum Regierungschef – ein Amt, das er seither mit starker Machtstellung und zweifelhafter Politik bekleidet, zuletzt

KLISCHEE KISTE

PUSZTA, GULASCH, GEIGEN

Diese ganze Steppenromantik hat sich als klassisches Ungarn-Bild verfestigt. Zwar bilden die Roma tatsächlich die größte Minderheit des Landes, aber die von ihnen selbst so genannte „Zigeunermusik" wird doch eher nur noch in den Touristenlokalen gespielt.

Pass übrigens auf beim Bestellen: *gulyas* ist die – auch richtig leckere – dicke Gulaschsuppe, die ganz klassisch aus einem Kupferkessel kommt. Das Gulasch-Tellergericht dagegen heißt *pörkölt.* Das Ganze abgerundet mit einem süßen *palacsinta* und du bist im ungarischen Klischee-Paradies.

BALLERMANN AM BALATON

Viele denken: Am Plattensee geht es zu wie auf Mallorca. Vielleicht ohne den Sangria aus Eimern, aber auf jeden Fall Party bis zum Abwinken. Nichts dergleichen: Fast überall am See ist es rund ums Jahr richtig entspannt und familiär: Strände, Berge, Fahrrad- und Wanderwege, Weinkeller und rustikale Gasthöfe. Okay, in Siófok wummern im Juli und August schon mal die Bässe und durchschneiden die Beats aus den Clubs und Partyzelten die warmen Nächte. Aber der Rummel ist zeitlich und räumlich so begrenzt, dass er niemanden belästigen muss.

wiedergewählt im Jahr 2018. Viele Medien sind gleichgeschaltet, Staatsbetriebe wurden konsequent politisiert, Propaganda gegen Minderheiten, Flüchtlinge und „jüdisches Geld" betrieben. Aber Orbán hat viele Facetten: Sein großes Vorbild ist Helmut Kohl, und zum Brexit-Referendum in Großbritannien schaltete seine Regierung Pro-EU-Anzeigen in der Londoner Presse. Gleichzeitig schmiedet er aber gern bilaterale Pläne mit Wladimir Putin.

ECHT ÖDE ...

Das Wort „Puszta" verbreitete sich in Ungarn vor gut 300 Jahren als Bezeichnung für die nahezu menschenleere, durch die osmanische Herrschaft verwüstete Tiefebene. Es bedeutet „Leere", „Ödnis". Wenn du aber das dumpfe Gefühl hast, der Name sei dir schon woanders begegnet – richtig: Rund um den Balaton gibt es eine Reihe von Ortsbezeichnungen mit dem Wortbestandteil *-puszta,* wie zum Beispiel Szántódpuszta. In diesem Fall sind mit Puszta die Wirtschaftsgebäude eines Gutshofs gemeint, die in einiger Entfernung zum Dorf lagen.

NOBELWOHNSITZE

Um die 700 Schlösser und Herrenhäuser stehen in Ungarn unter Denkmalschutz. Viele dieser Adelssitze sind mit den großen Namen der ungarischen Aristokratie verbunden. Széchenyi, Esterházy, Festetics, Brunswick, Grassalkovich ... Und fast alle haben einen engen Bezug zu Österreich-Ungarn, der legendären k. u. k.-Monarchie („kaiserlich und königlich", darum auch mit kleinen Buchstaben geschrieben). Viele Ungarn haben ein gespaltenes Verhältnis zu dieser Vergangenheit – immerhin war es doch so etwas wie eine Zwangsehe mit den Habsburgern.

Ein bisschen adelige Nostalgie schwingt aber doch noch mit beim Gedanken an diese Ära. Besonders Königin Elisabeth („Sisi") hatte einen romantischen Hang zu Ungarn, kam oft zum Schloss Gödöllő nahe Budapest und wird bis heute heiß und innig verehrt wie eine Prinzessin Diana aus dem 19. Jh.

ALTE ZÖPFE

Zopfstil – über diesen Begriff wirst du beim Sightseeing in Ungarn immer wieder stolpern: Sakrale Bauten wie die Große Kirche in Kecskemét, Paläste wie der Bischofspalast in Szombat-

hely, Schlösser wie Schloss De la Motte in Noszvaj, repräsentative Bauten wie das Budapester Rathaus und viele Bürgerhäuser sind von ihm geprägt. Doch was ist an diesem Stil aus dem Übergang von Barock zu Klassizismus jetzt eigentlich zopfig? Besonders die spätbarocken Blatt- und Blumengirlanden sehen ein wenig aus wie Zöpfe. Kunsthistoriker glauben aber eher, dass der Begriff in der Kategorie „trash talk" abzulegen ist: Anfang des 19. Jhs. dachte man sich dieses Wort aus mit Bezug auf die Zopfperücke, die im 18. Jh. als topmodern galt, später aber als schrecklich passé. Alte Zöpfe eben.

PEDALFREUDEN

Der Radweg um den Plattensee war schon immer ein Traum. Aber in den letzten Jahren hat Ungarn auch und gerade in den Ballungsräumen erkannt, dass die Zweiräder wenn möglich immer Vorfahrt haben sollten. Budapest und die meisten anderen Großstädte sind inzwischen mit ziemlich guten Fahrradspuren ausgestattet, meist in gut sichtbarer roter oder grüner Farbe. Auf die Spitze wird die Fahrradfreundlichkeit getrieben, wenn diese Spuren noch mit einem rutschfesten und bremssicheren rauen Belag versehen werden, wie zuletzt immer wieder geschehen. Da sagen alle Biker ein großes Dankeschön. Zumal inzwischen fast überall Räder und E-Scooter für kurze und lange Strecken ausgeliehen werden können, denn die elektrischen Tretroller sind natürlich auch in Ungarn inzwischen allgegenwärtig und können auf Radwegen gefahren werden. Auch in vielen Nationalparks darf auf markierten Wegen inzwischen in die Pedale getreten werden.

Dank seiner imposanten Hörner unverwechselbar: das ungarische Grau- oder Steppenrind

ESSEN SHOPPEN SPORT

In aller Munde: ungarische Gulaschsuppe

ESSEN & TRINKEN

Die ungarische Küche ist nicht mehr und nicht weniger als ein Schmelztiegel kulinarischer Einflüsse: türkischer, österreichischer, deutscher, slowakischer, serbischer und kroatischer.

FÜR JEDEN ETWAS

Den Charme dieser traditionell eher deftigen Speisen erlebst du am schönsten in einem klassischen, rustikalen Gasthaus vom Typ *csárda*.

INSIDER-TIPP
In der Csárda wird's gemütlich

In den ungarischen Restaurants wird weitgehend auf dem Niveau einer guten Hausmannskost gekocht. Dazu kommt, dass die Ungarn gern und oft essen gehen. Daher kostet ein Mittagessen – in Ungarn übrigens das wichtigste Gericht des Tages – selten mehr als 10–15 Euro. Nur sehr edle Lokale mit Luxusambiente brechen aus dieser Preisspanne aus.

Gaststätten und Restaurants heißen *vendéglő* bzw. *étterem*. Erstere sind meist einfacher, Letztere etwas gehobener. Das muss aber nicht immer etwas heißen. Die oben erwähnte *csárda* ist traditionell ein bescheidenes Dorfgasthaus, inzwischen aber oft viel gemütlicher, großzügiger und leckerer als die „schickere" Konkurrenz. Im traditionell einfachen *eszpresszó* gibt es Getränke und belegte Brötchen. Ungarische Cafés heißen *cukrászda* (Konditorei) oder *kávéház* (Kaffeehaus).

KLASSISCH UNGARISCH

Zum klassischen Repertoire gehören vor allem die auf *pörkölt, paprikás, tokány* oder *gulyás* endenden Gerichte. Paniertes, ein Erbe der Donaumonarchie, ist in Ungarn ungemein beliebt. Und nicht nur Fleisch kommt in Brotkrümeln gewälzt auf den Tisch: Auch Fisch und Gemüse werden gern in Panade ausgebacken. Gewürzpaprika

Beliebte Snacks: die Forellen geräuchert, die *langós* reich belegt

und Paprikahuhn, Gulaschsuppe und das Nationalgericht Kesselgulasch: Sie alle kommen aus der Großen Tiefebene, dem Land der Puszta. Die Zwiebel- und Knoblauchhochburg Ungarns ist die Region um Makó – logisch, dass man hier Gerichte wie Gefüllte Zwiebeln nach Makóer Art erfand.

EIN MUSS: PALATSCHINKEN

Zahlreiche ungarische Gerichte sind mit den Namen prominenter Künstler oder Köche verbunden. So gibt es eine Bohnensuppe à la Jókai, benannt nach dem Romancier Mór Jókai, und die Gundel-Palatschinken, die den Namen des legendären Kochs Johann Gundel (1844–1915) tragen. Palatschinken (Pfannkuchen) finden sich auf jeder Speisekarte bei den Desserts. Neben der *Gundel-palacsinta* (mit einer Füllung aus Walnüssen, Orangeat, Rosinen und einem Schokoladenguss) sind *almás palacsinta* (mit Äpfeln), *ízes palacsinta* (mit Marmelade) und *túrós palacsinta* (mit Quarkfüllung) besonders beliebt. Wenn ein Lokal etwas auf sich hält, gießt es ein wenig Hochprozentiges über den Palatschinken und flambiert ihn auf dem Weg zum Tisch.

VON FORELLE BIS ROSTBRATEN

In den ungarischen Wäldern gibt es Wild in großer Zahl, vor allem in den Donauknie-Gebirgen Börzsöny und Pilis sowie den Mittelgebirgen Mátra und Bükk. Im Bükk-Gebirge werden auch die besten frischen und geräucherten Forellen serviert; sie stammen aus den Fischzuchten am Fluss Szalajka. Nordöstlich von Budapest liegt die Heimat der Palozen; ihre Küche hat Köstlichkeiten wie die Palozer Lammsuppe hervorgebracht. Eine Spezialität Transdanubiens ist der *fogas,* der Balaton-Zander – eine Art, die nur im Plattensee vorkommt. Am bes-

Bester Begleiter zu ungarischem Gulasch: ungarischer Rotwein

ten schmeckt er als ganzer Fisch vom Grill. Auch der Esterházy-Rostbraten ist in Transdanubien zu Hause. Den Feinschmeckern Miklós und Pál Esterházy (18. und 19. Jh.) verdanken etliche Gerichte den Zusatz „à la Esterházy". Ein beliebtes Sauerkrautgericht, das Székler Gulasch, soll der Archivar József Székely als Resteessen erfunden haben, als er nur noch wenig Gulasch und Sauerkraut im Haus hatte.

FAST FOOD AUF UNGARISCH

Internationale Klassiker wie Burger, Pizza, Sushi, Thai Food und Rostbratwürstchen gibt es natürlich auch in Ungarn überall. Kurios: Während überall in Europa der Döner Kebap Einzug gehalten hat, wird in Ungarn immer noch gern und häufig seine „griechische Schwester" angeboten, das Gyros im Brot. Dabei haben die Ungarn doch auch ihren eigenen Fast-Food-Star: die frittierten Hefeteigfladen *langós* – je nach Geschmack und Vorliebe mit saurer Sahne, Käse, Schinken oder Ketchup getoppt. Oder ein purer *lángos* wird einfach in Knoblauchbutter gewälzt.

VOM GEIST DES WEINES

Das Land ist gespickt mit Weingütern. *Fehér bor* ist der Weißwein, *vörös bor* der Rotwein. Ein trockener Tropfen trägt die Bezeichnung *száraz,* ein halbsüßer heißt *félédes.* Berühmt ist der Tokajer, den es nur als Weißwein gibt. Besonders gut ist der süße *Tokaji aszú,* den es in Qualitätsstufen von drei bis sechs Bütten *(puttony)* gibt. Der wohl bekannteste Rotwein ist der ziemlich intensive Erlauer Stierblut aus Eger *(Egri bikavér).* Gute Rotweine kommen zunehmend aus der Region Szekszárd. Am Balaton ist Badacsony ein nicht nur landschaftlich schönes, sondern auch ein gutes Anbaugebiet. Zur Weinregion Balatonfüred-Csopak gehört auch die Halbinsel Tihany.

Ungarns südlichste Weinberge liegen in Villány-Siklós, in dem einige der besten Weingüter residieren. Eine Besonderheit der Region ist die Rebsorte Lindenblättriger *(Hárslevelű).* Auch Westungarn hat einiges zu bieten: Der fruchtige Blaufränkische *(Kékfrankos)* aus Sopron ist ein Tipp für Freunde trockener, aber zugleich süffiger Rotweine.

Zur deftigen Küche passt aber auch oft ganz hervorragend ein kühles Bier. Dafür, dass Ungarn eigentlich als Weinland bekannt ist, gibt es auch erstaunlich viele richtig leckere frisch Gezapfte.

Unsere Empfehlung heute

Vorspeisen

HALÁSZLÉ
Fischsuppe, kräftig gewürzt, heute aus Karausche, Barsch und Karpfen

BOGRÁCSGULYÁS
Kesselgulasch (Gulaschsuppe), über dem offenen Feuer zubereitet

RÁNTOTT KARFIOL
Frittierte Blumenkohlröschen mit Sauce Tatar

ÚJHÁZI TYÚKHÚSLEVES
Klare Hühnersuppe mit Fleisch, Gemüse und Nudeln

HORTOBÁGYI PALACSINTA
Palatschinken, mit Gulasch gefüllt

Hauptgerichte

PÖRKÖLT
Unser klassisches Gulasch mit Paprikaschoten und Tomate

ESTERHÁZY-ROSTÉLYOS
Roastbeefscheiben, in Gemüsesud geschmort

TÖLTÖTT PAPRIKA
Gefüllte Paprikaschoten, gefüllt mit Hackfleisch oder mit Risotto, Champignons und Schinken

PAPRIKÁS CSIRKE
Huhn in Paprikasauce, dazu Nockerln

LECSÓ
Eintopf aus Tomaten, Paprikaschoten und Zwiebeln

Desserts

DOBOS-TORTA
Unsere sechsschichtige Biskuittorte mit Schokoladenbuttercreme und Karamellglasur

GESZTENYEPÜRÉ HAGYOMÁNYOS MÓDON
Kastanienpüree mit Sahne

TÚRÓS RÉTES
Quarkstrudel, heute mit Sauerkirschen, mit Walnüssen oder mit Mohn

FÁNK
Andere nennen sie Berliner oder Bagel - bei uns mit verschiedenen Füllungen

Getränke

ZWACK UNICUM
Der legendäre Magenbitter

BARACKPÁLINKA
Aprikosen-/Marillenschnaps

SHOPPEN & STÖBERN

SCHARF UND SCHMACKHAFT

Es gibt doch nichts Schöneres, als den Urlaub zu Hause zumindest kulinarisch noch etwas zu verlängern. Als Erstes nimmst du dir alle möglichen Paprika-Varianten mit. Die Paste in Gläsern – scharf *(erős)* und süßlich-scharf *(édes)* hält zu Hause ewig und kann dir jahrelang Freude machen beim Würzen. Paprikapulver aus Kalocsa und Szeged gehört ebenso auf jeden Einkaufszettel wie die Wintersalami *(téliszalámi)* der Marke Pick aus Szeged oder auch Räucherwürste wie *Gyulaer* und *Csabaer* mit ihrem typischen Aroma aus Paprika, Pfeffer, Kümmel und Knoblauch. Wer es ganz scharf mag, greift zur feurigen Paprikasalami. Zu den Top-Delikatessen gehören Gänseleberparfait oder Gänseleber „naturel" – natürlich nur aus tiergerechter Haltung mit Biolabel oder einem ähnlichen Zertifikat.

INSIDER-TIPP
Echt süß und echt scharf

AUS OBST UND KRÄUTERN

Pálinka heißen die ungarischen Schnäpse, und das Land hat einige wirklich gute hervorgebracht. Ein Klassiker ist der Aprikosen-Obstschnaps *(barack-pálinka)*, aber die Spitzenbrennereien bieten auch viele ungewöhnliche Sorten. Runter wie Öl geht auch der traditionelle Magenbitter *Zwack Unicum*. Erstmals gemixt hat ihn Dr. Zwack, Hofarzt des österreichischen Kaisers Joseph II. Dieser rief begeistert aus: „Das ist ein Unikum!" Ganze 40 Kräuter und Gewürze werden hierfür gemixt. Die Zwacks schmeißen übrigens immer noch den Laden – inzwischen in der sechsten Generation.

VORSICHT, ZERBRECHLICH!

Willst du dir etwas aus Porzellan oder Ton mit nach Hause nehmen, solltest du es dir gut einpacken lassen! Ungarn hat hier nämlich gleich zwei gro-

Farbenfroh die Stickereien, scharf die Salami: Shopping in Ungarn

ße Namen zu bieten: In der Manufaktur *Herend (herend.com | herendimajolika.hu)* wird exklusives und daher nicht ganz billiges Porzellan geschaffen, aber auch handbemalte Keramik im Landhausstil und mit modernen Motiven. Das Ganze auch noch zu erschwinglichen Preisen. Nicht nur allgemein bekannt, sondern auch sehr schön ist das *Zsolnay-Porzellan (zsolnay.hu)* mit Formen und Dekoren im Stil der Sezession.

MIT NADEL UND FADEN

Beim Wort Stickereien drängt sich nicht gerade der Begriff „zeitgemäß" auf. Aber weit gefehlt: Die klassischen ungarischen Stickereimotive sind im Trend und immer öfter auf stylischen Hemden, Blusen und Röcken zu finden. Aber auch die Klassiker sind nicht zu verachten: Berühmt sind die Kalocsa- und Matyó-Stickereien, die bunten Auflegestickereien aus Buzsák sowie die Weißstickerei. All das findest du auf Tischdecken, Gardinen, Bettwäsche, Handtüchern und Kleidung – also im Prinzip auf allem, was sich besticken lässt. Der tollste Ort für den Kauf dieser Handwerkskunst: das historische Dorf Hollókő *(holloko.hu)*.

IN ROT UND WEISS

Keine Frage, man will natürlich ein paar gute Weine aus Ungarn mitbringen. In allen Weinbaugebieten, vom Balaton über Tokaj und Eger in Ost- bis hin nach Villány in Südungarn lassen sich die Tropfen ganz hervorragend direkt bei den Winzern erstehen. Der schönste Ort des Landes für den Weinkauf: das Liebfrauental *(Szépasszonyvölgy)* nahe dem Stadtzentrum von Eger, wo sich Weinkeller an Weinkeller reiht.

SPORT

ANGELN

Gute Angelreviere in Westungarn sind der Balaton und der Velence-See. Am Balaton-Südufer gibt es betreute Angelteiche mit reichen Fischbeständen z. B. in Siófok-Töreki, in Fonyód-Zardavár, in Ba-latonzárszó und in Balatonlelle. In Ostungarn ist man am Fluss Theiß *(Tisza)* und am Theiß-See besonders auf Angelurlauber eingestellt. In Tiszafüred: *Horgász es Családi Camping (Kastély út | Tel. 59 35 12 20 | horgaszcamping.hu)* mit Pool und Restaurant.

Als Angler bist du auch perfekt aufgehoben in der Puszta bei *Akasztói Horgászpark és Halas-csárda (Kígyóshíd 6 | Akasztó, nordöstlich von Kalocsa an der Straße 53 | Tel. 20 5 50 50 00 | halascsarda.hu)*. In dieser Gegend werden auf den speziellen Salzböden der Puszta Karpfen gezüchtet.

Für das Fischen in öffentlichen Gewässern benötigt man eine Genehmigung – am einfachsten übers Internet: Das System MOHOSZ *(horgaszjegy.hu)* funktioniert ganz gut, sogar auf Deutsch. Der Touristenfischereischein für 90 Tage wird online beantragt. Man muss sich registrieren, einen kleinen Angel-Wissenstest bestehen, den Schein anfordern, online die 2000 Forint Gebühr bezahlen und am Ende den Schein samt Fangbuch ausdrucken.

EXTREMSPORT

2 km vom Stadtzentrum in Pécs entfernt (an der Straße 66 nach Kaposvár) liegt der Park *Mecsextrem (Mitte März–Mitte Nov. 10–17 Uhr, nur im Sommer tgl., sonst meist am Wochenende | Tel. 72 51 59 27)* mit Waldbahn und zahlreichen Klettermöglichkeiten.

Am Plattensee spricht der *Zamárdi Adventure Park (zamardikalandpark.hu)* mit seinen Ziplines, Hindernisparcours und Watertubing in idyllischer

Nicht nur in der Puszta, auch im Wald kann man in Ungarn herrlich reiten

Umgebung besonders Familien an. Auch Budapest hat einiges in petto für Adrenalinjunkies, darunter den *Orczy Adventure Park (orczykalandpark.eu)* mit besonders langen Ziplines. Aber keine Angst: Es gibt auch ein Trainingsgelände!

Abenteuerparks sind zu erkennen am ungarischen Namen *Kalandpark.* Wenn die für dich zu lasch sind, dann ist vielleicht Bungeejumping aus dem Hubschrauber dein Ding? Über *heli bungee.com* geht los am kleinen Flughafen Kiskunlacháza-Bankháza südlich von Budapest.

INSIDER-TIPP
Im freien Fall zum Balaton

Oder doch lieber Fallschirmspringen, z. B. mit Tandemsprung über dem Plattensee? Bei *skydiving budapest.org* findest du die Infos.

GOLF

Es gibt 15 Golfplätze in Ungarn, darunter mehrere 18-Loch-Plätze *(Ungarischer Golfverband | Istvánmezei út 1–3 | Budapest | Tel. 1 4 60 68 59 | hun golf.hu).* Top ist der *Pannonia Golf & Country Club (Máriavölgy | Alcsútdoboz, 25 km westlich von Budapest | Tel. 22 59 42 00 | golfpannonia.hu).* Richtig schön liegen die Plätze am Plattensee: Am Nordufer in Balatonudvari der *Royal Balaton Golf & Yacht Club (Vászolyi utca | Tel. 87 54 92 00 | balatongolf.hu)* und in Balatongyörök der *Golfclub Imperial Balaton (Balatongyörök-Becehegy 8 | Tel. 83 34 60 31 | golfclubim perial.hu).*

KANU & KAJAK, RUDERN & SUPEN

Neben Touren mit Fähren und Ausflugsbooten kannst du am Plattensee an fast jedem Strand ein Kajak, Ruder- oder Tretboot mieten. Besonders wer mit Kindern verreist, hat im flachen, ruhigen Wasser seinen Spaß. Aber auch der Osten hat's in sich. So ist der

Theiß-See ist ein ideales Bootsrevier, etwa in Tiszafüred am Privathafen *Szabics-Kikötő (Tiszafüred-Örvény | Tel. 30 9548620 | szabicskikoto.hu)* (Bootsverleih, Liegeplätze, Anglerservice und Camping). Und auch auf der Theiß kann man gut paddeln.

Tief im Westen gibt es ebenfalls tolle Reviere, etwa in Mosonmagyaróvár nahe der österreichischen Grenze. Mehrere Donauarme bilden die naturbelassene Insel Szigetköz – ein Paddlerparadies. Infos und Boote aller Art hat die *Wassersportvereinigung (Tel. 30 5685077 | mvse.gportal.hu)*.

Die frühere Nischensportart Stand-up Paddling (SUP) hat die Welt im Sturm erobert und wird auch in Ungarn immer beliebter. Beste Adresse dafür ist der Plattensee – so gibt es etwa ein großes SUP-Center auf der Halbinsel Tihany *(standuppaddle.hu)*. Aber auch der Theiß-See ist ideal geeignet für Stehaufmännchen (und -frauchen).

RADFAHREN

Schön zu befahren ist der Damm rund um den *Theiß-See*. Ein attraktiver Abschnitt des *Donauradwegs* führt von Rajka, dem Grenzort zur Slowakei, nach Győr. Im *Naturpark Írottkő/Geschriebenstein* bei Kőszeg können sich Radfahrer grenzüberschreitend Herausforderungen stellen: Interessant für Mountainbiker sind auf ungarischer Seite die Höhen des *Óház-Bergs* bei Kőszeg.

Ein unverzichtbarer Klassiker ist der Rundweg um den Plattensee *(Balatoni kerékpárút)* – super ausgeschildert, 204 km lang und voller herrlicher Strecken und Aussichten sowie Übernachtungsmöglichkeiten. Radtourbroschüren gibt es bei den Touristinfos.

REITEN

Schwing dich aufs Pferd! Am Plattensee macht das *Rádpuszta-Pferdezentrum (Balatonlelle | Tel. 20 9426700 | radpuszta.hu/de)* richtig viel Spaß mit schöner Gaststätte vom Typ Csárda und Pension. Die 20 x 40 m große Reithalle ist das Herz des Reiterparadieses *Abbázia Country Club (Nemesnép-Márokföld | Határ út 3–7 | Tel. 92 573450 | abbazia-nemesnep.hu)* mit seinen Apartments mitten im westungarischen Őrség-Nationalpark.

Ein hervorragendes Ziel für Pferdefans ist das feine Reiterresort *Bellandór (Tel. 30 9377941 | bellandor-reiterresort-ungarn.com)* in Páty (15 km westlich von Budapest) mit zwei Reitplätzen, zwei Reithallen, Roundpens, Gästezimmern und Reiterstübchen.

In der großen Tiefebene von Ostungarn sticht besonders das Lipizzanergestüt heraus, das zum Gasthof *Biczó Csárda (Fülöpszállás | Hármaspuszta 11 | Tel. 78 545100 | biczocsarda.hu)* mit Pension gehört.

Nordungarn: 2 km von der Burg in Eger, liegt am Fuß des Eged-Hügels ein Lipizzaner-Reiterhof mit Familienpension *(Mátyus Udvarház | bei der Noszvaji út | Tel. 36 517937 | matyusudvarhaz.hu)*.

SEGELN, WASSERSKI & WINDSURFEN

Am Balaton sind Motoren verboten, auf dem Theiß-See darf dagegen mit Motor (z. B. Jetski) gefahren werden.

Yachthafen und Yachtcharter gibt´s in Balatonkenese, einem der schönsten Balatonhäfen: *Kenese Marina Port (Kikötő utca 2 | Tel. 88 48 14 53 | yacht.hu).* Eine blitzeblanke, echt schöne Marina hat auch das schicke Balatonfüred zu bieten. Dort wird auch Wasserski angeboten: *Füred Camping | Széchenyi utca 24 | Tel. 87 58 02 41 | balatontourist.hu*

Der kleine Velence-See, sein großer Nachbar Balaton und der flache Theiß-See sind die Hauptreviere für Windsurfer. Ein guter Treffpunkt am Balaton ist die *Sharky Wassersportschule (Sharky Vízisportiskola | Tel. 70 3 35 46 81 | facebook: Sharky Vízisportiskola).* Wind- und Kitesurfen kannst du auch in Balatonfüred im oben erwähnten Füred Camping.

Was für ein Segelrevier! Nicht umsonst nennt man den Balaton „Ungarisches Meer"

WANDERN

Tausende Wege stehen dir in Ungarn zur Verfügung, wenn du deine Wanderstiefel geschnürt hast. Immerhin gibt es im Land mehr als zehn Nationalparks und darin 148 Lehrpfade – einen davon in Tiszaörvény am Theiß-See, der zum Hortobágy-Nationalpark *(hnp.hu)* gehört. Ebenfalls herrlich mit Wanderwegen ausgestattet ist der Duna-Ipoly-Nationalpark *(dinpi.hu),* quasi gleich um die Ecke von Budapest beim wunderschönen Donauknie. Und direkt aus der Hauptstadt fährt man per Gondel oder Zahnradbahn in die hübschen Budaer Berge. Höher hinaus geht es in Nord- und Ostungarn im Mátra-Gebirge, im Nationalpark Bükk-Gebirge oder im Zemplén-Gebirge.

DIE REGIONEN IM ÜBERBLICK

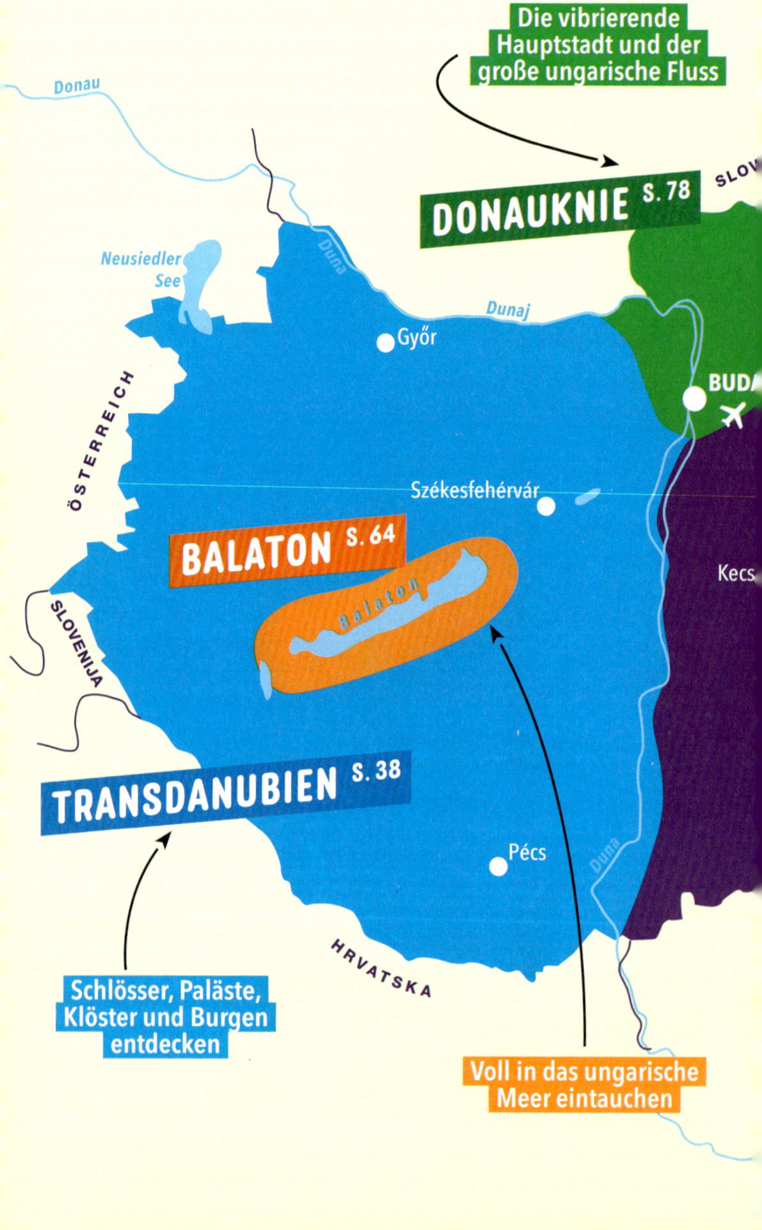

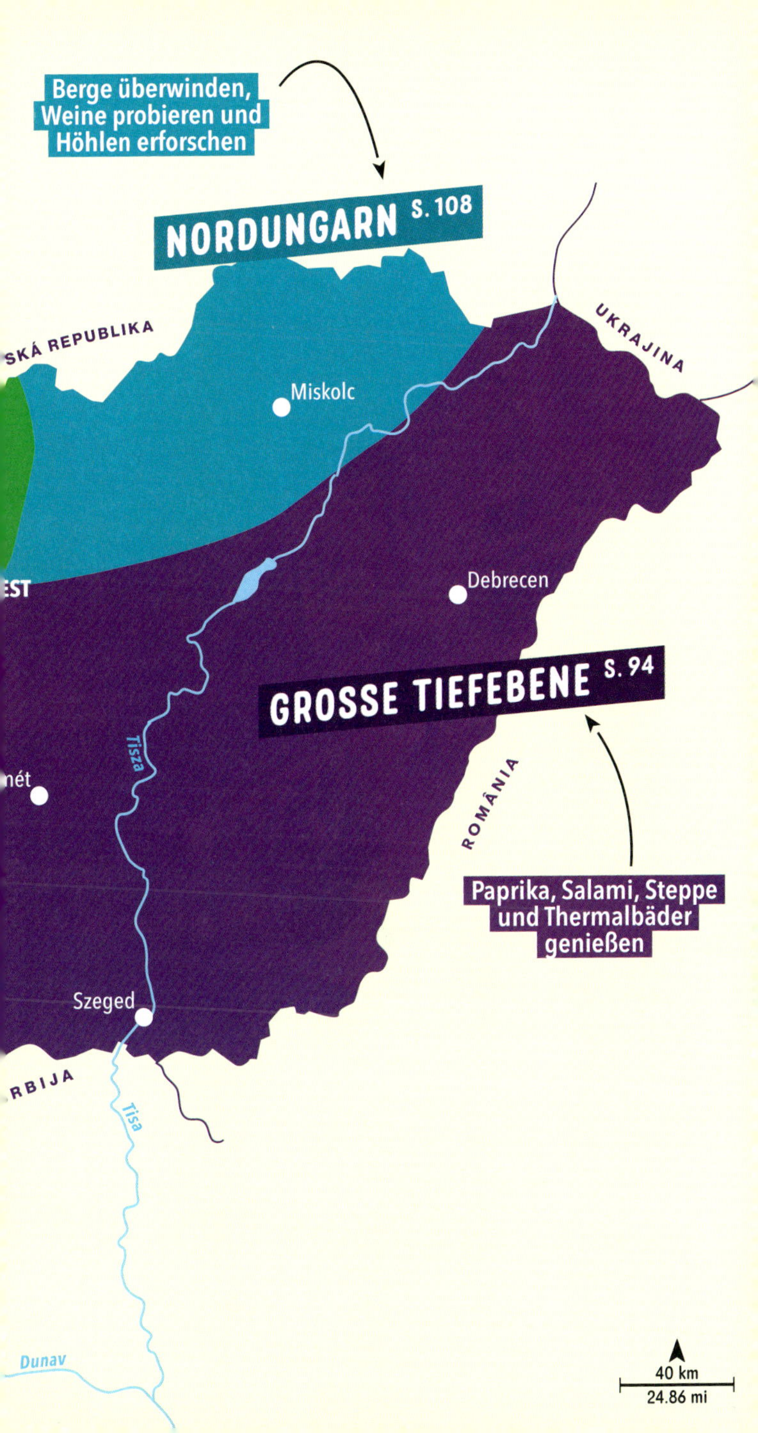

Berge überwinden, Weine probieren und Höhlen erforschen
NORDUNGARN S. 108
SKÁ REPUBLIKA
UKRAJINA
Miskolc
EST
Debrecen
GROSSE TIEFEBENE S. 94
Tisza
nét
ROMÂNIA
Paprika, Salami, Steppe und Thermalbäder genießen
Szeged
RBIJA
Tisa
Dunav
40 km
24.86 mi

TRANSDANUBIEN

BESTES AUS WEST & SÜD

An vielfältigen und faszinierenden Erlebnissen ist Ungarns Westen nicht zu überbieten. Diese riesige Region, deren Name „Land jenseits der Donau" bedeutet, ist vollgepackt mit Kulturschätzen.

Schöne Städte, Schlösser und Weinlandschaften machen den Reiz aller Teilregionen Transdanubiens aus. Dabei wirst du im Westen haufenweise österreichische Spuren finden, im Süden rund um Pécs dagegen schon eher den Balkan spüren und Überbleibsel der Tür-

Die Benediktinerabtei Pannonhalma leuchtet mit dem Raps um die Wette

kenherrschaft finden. Dort dominiert Hügelland mit dem 700 m hohen Mecsek-Gebirge. Im Nordwesten, nahe Sopron, reichen die Alpenausläufer bis in 558 m Höhe. Weiter östlich, nach Veszprém hin, beherrschen die Bakony-Hügel und der Plattensee das Bild. Und mittendrin liegen Klöster, Burgen, Schlösser und Altstädte vom Allerfeinsten!

TRANSDANUBIEN

MARCO POLO HIGHLIGHTS

★ **PANNONHALMA**
Schon von Weitem zu sehen: mächtige Abtei mit historischer Bibliothek ➤ S. 51

★ **KŐSZEG**
Die Kleinstadt mit Burganlage und alter Stadtmauer ist ein ungeschliffenes mittelalterliches Juwel ➤ S. 45

★ **ST.-MARIA-KIRCHE/ MOSCHEE KASSIM GHASI**
Prachtvolle ehemalige Moschee aus dem 16. Jh. und Wahrzeichen von Pécs ➤ S. 58

★ **FŐ TÉR VON SOPRON**
Um den Platz mit Feuerturm, Arkaden, Dreifaltigkeitssäule und Museen wird Baugeschichte lebendig ➤ S. 42

★ **SCHLOSS ESTERHÁZY**
Das „ungarische Versailles" der Fürsten Esterházy ➤ S. 44

★ **BURGVIERTEL IN VESZPRÉM**
Offenes Freilichtmuseum über der Stadt: Burgstraße und Bischöfliches Palais, Dom und Gisela-Kapelle ➤ S. 56

SLOVENSKO
Veľký Meder
Štúrovo
Nagymaros
Vác
11 Komárom
Lábatlan
Dorog
Győr
S. 48
M1
Tata
S. 52
Piliscsaba
Tatabánya
9 Pannonhalma
Zsámbék
Budapest
Kisbér
Bicske
179 km, 2 ¼ Std.
Mór
Érd
13 Martonvásár
15 Zirc
Velence
Ercsi
Várpalota
Székesfehérvár
S. 53
14 Herend
Veszprém
S. 55
Adony
Burgviertel
Balatonfűzfő
12 Tác-Gorsium
Balatonkenese
Aba
Rácalmás
Balatonfüred
M7
Balaton
Enying
Siófok
Dunavecse
Sárbogárd
Balatonföldvár
Dunaföldvár
Solt
Balatonlelle
Simontornya
M6
Paks
Tamási
Kalocsa
MAGYARORSZÁG
Dombóvár
19 Kaposvár
18 Szekszárd
17 Bikal
292 km, 3 ¼ Std.
Bonyhád
Sásd
Bátaszék
Baja
Pécsvárad
16 Mecsek-Gebirge
Szigetvár
Pécs
S. 57
St.-Maria-Kirche/
Moschee Kassim Ghasi
Bóly
23 Donau-Drau-Nationalpark
Palkonya
Siklós-Máriagyűd
21
20
Harkány
S. 62
20 Siklós
22 Villány-Siklós
20 km
12.43 mi

SOPRON

(🕮 B5) **Sopron ist eine Hochburg des Blaufränkischen *(Kékfrankos)*, den du hier in großer Vielfalt probieren kannst.**

Die zauberhafte mittelalterliche und barocke Stadt (62 500 Ew.) liegt zwischen den Soproner und den Balfer Hügeln. Burgtore führen in die Innenstadt, die von einer ovalen Stadtmauer umschlossen ist.

SIGHTSEEING

FŐ TÉR ★

Durch das *Vordere Tor (Előkapu)* kommt man zum zentralen Fő tér (Hauptplatz). Sein Grundriss ist seit dem 13. Jh. nahezu unverändert. Hier steht das Symbol der Stadt, der *Feuerturm (Tűztorony | Mai–Aug. tgl. 10–20, sonst 10–18 Uhr | tuztorony.sopron.hu)*, zu dem 200 Stufen hinaufführen. Von dem umlaufenden Renaissance-Arkadengang hat man einen herrlichen Ausblick. Die Platzmitte gehört der barocken *Dreifaltigkeitssäule*. Ein schöner Spazierweg beginnt gleich gegenüber dem Eingang zum Feuerturm und führt an der alten *Stadtmauer* entlang. Und am Hauptplatz startet natürlich auch fast jeder Spaziergang durch die Gässchen der zauberhaften *Altstadt* mit ihren Hinterhöfen und versteckten Winkeln.

MUSEEN AM FŐ TÉR

Museumshopping der besten Art: Das *Haus Nr. 2* war von 1642 bis 1967 eine Apotheke und beherbergt heute das *Apothekenmuseum (Patikaház Múzeum | April–Sept. Di–So 10–14 Uhr | ⏲ 30 Min.)*. Im *Fabricius-Haus (Nr. 6 | April–Sept. Di–So 10–18, Okt.–Dez. 10–14 Uhr | ⏲ 1 Std.)* sind im gotischen Keller römische Skulpturen, Gräber und andere Funde zu sehen, im vorderen Teil Bürgerwohnungen aus dem 17./18. Jh. Das *Storno-Haus (Nr. 8 | Juni–Okt. Di–So 10–20, sonst 10–18 Uhr | ⏲ 45 min.)* mit dem barocken Erker zeigt den Nachlass der reichen Soproner Familie Storno. *turizmus.sopron.hu*

SYNAGOGE (ZSINAGÓGA)

Der jüdische Tempel wurde von 1300 bis 1320 errichtet. Eine Ausstellung informiert über das Leben der Soproner Juden. *April–Okt. tgl. 10–20 Uhr | Új utca 22 | turizmus.sopron.hu | ⏲ 1 Std.*

ESSEN & TRINKEN

JÉGVEREM FOGADÓ

In diesem traditionellen Gasthof in einem 250 Jahre alten Haus wird gute ungarische Hausmannskost in einem gepflegten Rahmen serviert. Mittagsmenüs gibt es schon für 750 Ft. *Jégverem utca 1 | Tel. 99 51 01 13 | jegverem.hu | €*

MEDITERRANO

Italien stand Pate bei diesem Eventkomplex mit vier Restaurants: Jüngere zieht es in das trendige *Spago (€)*, Familien ins *Toscana (€)*, für die feinere Küche gibt es das *Il Grande (€€€)*. Frühstück, Kaffee und Cocktails stehen im *Gino* auf der Karte. *Lackner Kristóf*

Toller Blick, wie kommt man da hin? Ganz einfach: rauf auf den Feuerturm von Sopron!

utca 33A | Tel. 99 50 83 00 | mediterra no.hu

SPORT & SPASS

Auf einem Radwanderweg kann man den gesamten *Neusiedler See (Fertő tó)* umrunden. Die außerhalb von Sopron gelegenen sogenannten *Lővers* waren schon im 19. Jh. eine beliebte Naturoase. Den stadtnahen *Unter-Lőverek* trennt ein Waldgürtel vom *Ober-Lőverek*. Markierte Wanderwege führen zu Aussichtspunkten. Einen herrlichen Blick auf die Stadt hat man vom 23 m hohen Aussichtsturm auf der *Karlshöhe*. Am *Lőver kert 82* liegen das Freibad und ein Hallenbad. Richtig Schwung aufnehmen kannst du auf der 1000 m langen *Bobbahn (Mo–Fr 10–18, Sa/So 10–19 Uhr | Bécsi domb | bobozas.hu)*. Über eine kurvenreiche Strecke geht es hinab zur Talstation.

RUND UM SOPRON

1 FERTŐRÁKOS

10 km/15 Min. per Auto ab Sopron

Fertőrákos liegt nordöstlich von Sopron. Auf dem Weg dorthin zweigt bei Sopronkőhida eine Straße ab zum *Paneuropäischen Denkmal (Páneurópai Piknik Emlékhely)*, das an die Öffnung des Eisernen Vorhangs erinnert. An dieser Stelle überschritten 600 DDR-Flüchtlinge im Sommer 1989 friedlich die Grenze nach Österreich –

Glanzvolles Barockensemble: Schloss Esterházy, das „ungarische Versailles“

die Sicherheitskräfte ließen sie erstmals einfach gewähren. Dort wurde ein kleiner Park mit Infotafeln eingerichtet.

Die *Marina* von Fertőrákos zieht viele Yachten an, und zahlreiche Radfahrer, die den Neusiedler See umrunden, machen hier Rast. Am Ortseingang liegt ein *Steinbruch* mit faszinierenden Hohlräumen und bis zu 20 m hohen Wänden aus Leitha-Kalkstein. Im Sommer wird er auch als Konzertsaal genutzt. Von der höchsten Stelle eröffnet sich ein herrlicher Blick auf den Neusiedler See. Das Restaurant *Ráspi (Fő út 72 | Tel. 99 35 51 46 | raspi.hu | €€–€€€)* bietet eine köstlich frische, kreative Küche mit ausschließlich regionalen, natürlichen Zutaten sowie hervorragende Weine vom eigenen Gut. *B5*

2 BALF

8,5 km/15 Min. per Auto ab Sopron

Auf dem Hügel oberhalb des kleinen, südöstlich von Sopron gelegenen Kurorts (1000 Ew.) thronen *Burg* und *Burgkirche* aus dem 13. Jh. Bekannt ist Balf für sein schwefelhaltiges Thermalwasser. Die barocke *Badkapelle* von 1773 im Kurpark schmücken Fresken von Stephan Dorffmeister. *B5*

3 SCHLOSS ESTERHÁZY (ESTERHÁZY-KASTÉLY) ★

28 km/35 Min. per Auto ab Sopron

In Fertőd (3400 Ew.) baute sich Miklós Fürst Esterházy aus dem Jagdschloss der Familie ab 1763 sein „ungarisches Versailles“, das prachtvollste Barockschloss des Landes. 1761 verpflichtete der Fürst den Komponisten Joseph Haydn. Teile des Schlosses sind im Rahmen von Führungen zu besichtigen. Das Schloss ist im Sommer Schauplatz musikalischer Events (Konzerte und Haydn-Festival). *15. März–Okt. tgl. 10–18, Nov.–14. März Fr–So 10–15 Uhr | meist zwei deutschsprachige Führungen tgl. | Joseph Haydn utca 2 | eszterhaza.hu, fertod.hu | 2 Std.*

3 km westlich von Fertőd, in *Fertőszéplak,* wurde ein *Freilichtmuseum (Mai–Sept. Di–Sa 11–17 Uhr | Nagy Lajos utca 33–37)* mit fünf Häusern in schönem Bauernbarock angelegt. *C5*

KŐSZEG

(B6) **Die mittelalterliche Kleinstadt ★ Köszeg ist ein Schmuckstück. Die Altstadt mit der Burg umgibt der Várkör, die einstige Stadtmauer.**

Im Schutz der Burg entwickelte sich eine Stadt (12 000 Ew.), die rund um den Jurisics-Platz in all ihrer Schönheit wiederbelebt ist.

SIGHTSEEING

JURISICS TÉR

Gleich auf den ersten Blick fallen hier einige schöne Wandbemalungen im Sgraffito-Stil auf. Auf dem Jurisics-Platz steht neben der gotischen *Jakobskirche* von 1404 die *St.-Emmerich-Kirche.* Das nur sechs Bankreihen kleine Kirchenschiff kontrastiert mit drei beeindruckenden Barockaltären. Das Hochaltarbild (1805) malte Stephan Dorffmeister d. J., das Tafelbild „Mariä Heimsuchung" ist ein Werk von Franz Anton Maulbertsch. Ein Blickfang am Jurisics tér ist das *Rathaus* mit seiner Barockfassade.

APOTHEKENMUSEUM (PATIKAMÚZEUM)

Da wird man schon beim Anschauen gesünder: Die große historische Apotheke, eine Gründung der Jesuiten, besitzt schöne Fresken, eine beeindruckende Einrichtung und einen Heilkräutergarten. *Di–So 9–17 Uhr | Jurisics tér 11 | koszegimuzeumok.hu | 1 Std.*

BURGANLAGE (VÁR)

Sie war und ist ein echtes Bollwerk: Während der Türkenkriege diente die Kőszeger Burg dem Schutz Wiens und konnte im Jahr 1532 mit 1000 Mann gegen Zehntausende Angreifer verteidigt werden. Ein Flügel der massiven Anlage, in die du über eine gepflasterte Brücke gelangst, ist noch in Teilen im Renaissancestil erhalten, zwei Flügel wurden nach einem Brand im Barockstil wiederaufgebaut. Das *Burgmuseum (Di–So 10–17 Uhr | koszegimuzeumok.hu/de)* zeigt eine Ausstellung zur Geschichte der Stadt. Am Eingang bringt dich ein kleiner Marzipanladen in Versuchung. *Rájnis József utca 9 | jurisicsvar.hu | 1–2 Std.*

ESSEN & TRINKEN

TAVERNA FLÓRIÁN

Dieses Lokal zeichnet sich durch Charme und italienisch inspirierte Küche aus. *Várkör 59 | Tel. 94 56 30 72 | tavernaflorian.hu | €€*

RUND UM KŐSZEG

4 NATURPARK ÍROTTKŐ (ÍROTTKŐ NATÚRPARK)

23 km/35 Min. per Auto ab Kőszeg bis Rechnitz

Nachdem der Eiserne Vorhang gefallen war und es keine Grenzkontrollen mehr gibt, wurde dieses Naturareal südwestlich von Kőszeg zu einer attraktiven Wander- und Radfahrregion. Im *Királyi-völgy (Königstal),* ist der imposante Baumstumpf einer 700 Jahre alten Kastanie zu sehen. Auf dem *Óház-Berg (Óház-tető)* steht in 609 m Höhe ein Aussichtsturm. Zur höchsten Erhebung, dem auf der österreichisch-ungarischen Grenze gelegenen Berg *Írottkő* (Geschriebenstein, 884 m), führt ein 15 km langer Weg. Dort steht der *Árpád-Aussichtsturm.* Infos und Karten gibt es bei Tourinform in Kőszeg. *naturpark.hu* | B6

5 SZOMBATHELY

21 km/25 Min. per Auto ab Kőszeg

Mitten in der Innenstadt mit ihren barocken Spuren stolperst du sozusagen über die Ausgrabungen der 43 n. Chr. von Kaiser Claudius gegründeten Stadt Savaria. Die Industrie- und Bezirkshauptstadt (78 500 Ew.) wurde im Zweiten Weltkrieg massiv zerstört. Sehenswert ist am Templom tér der 1814 vollendete *Dom.* Daneben liegt der Ruinengarten *Járdányi Paulovics (Mitte März–Nov. Di–So 10–17 Uhr | Mindszenti József tér).* Zu den freigelegten Zeugnissen gehört auch ein

Weit und breit nichts als Landschaft: Wiesen und Laubwald im Őrség-Nationalpark

original erhaltener Teil einer Römerstraße. Das *Bischöfliche Palais (Mai–Sept. | Berzsenyi Dániel tér 3 | muzeum.martinus.hu)* ist ein eleganter Spätbarockpalast. Im *Freilichtmuseum (Vasi Skanzen | April–15. Nov. Di–Fr 9–17, Sa/So 10–18 Uhr | Árpád utca 30 | skanzen.savariamuseum.hu | ⏲ 1 Std.)* am westlichen Stadtrand stehen reetgedeckte Häuser aus der gesamten Gegend. *szombathely.hu* | *B6*

6 BÜK

21 km/25 Min. per Auto ab Kőszeg

Die Thermalquellen haben Bad Bük (3500 Ew.) zu einem bekannten Kurort gemacht. Zum *Thermalbad (Termál körút 2 | bukfurdo.hu)* in einer Parkanlage gehören ein Hallen-Erlebnisbad und viele Spielmöglichkeiten für Kinder. Die Kur-, Wellness- und Sportoase des Städtchens ist das *Danubius Health Spa Resort Bük (Európa út 1 | Tel. 94 88 94 00 | danubiushotels.com/buk). buk.hu/de* | *B6*

7 SÁRVÁR

41 km/40 Min. per Auto ab Kőszeg

Ein fünfeckiges *Renaissance-Burgschloss* ist der Mittelpunkt des Städtchens (15 000 Ew.). Im *Ferenc-Nádasdy-Burgmuseum (Di–So 9–17 Uhr | Várkerület utca 1 | nadasdymuzeum.hu)* mit dem großartigen Prunksaal wird unter anderem eine Ausstellung zur Familiengeschichte gezeigt. Neben der Burg liegt ein gut 9 ha großes *Arboretum (April–Okt. tgl. 9–19, sonst 9–17 Uhr | Várkerület 30/A | sarvarvaros.hu) | ⏲ 2 Std.*

Sárvár hat sich zu einer Topadresse in Sachen Kur und Wellness gemausert. Mit 3500 m² Wasserfläche (Thermalhallen- und Freibäder, Erlebnisbad, Schwimmbad) und modernen Kureinrichtungen ist das neue *Thermal- und Wellnessbad (Badelandschaft tgl. 8–22 Uhr | Sárvári Gyógyfürdő | Vadkert utca 1 | badsarvar.hu)* das größte in Ungarn. *sarvar.hu* | *C6*

8 NATIONALPARK ŐRSÉG (ŐRSÉGI NEMZETI PARK)

75 km/80 Min. per Auto ab Kőszeg bis Őriszentpéter

Ganz entspannt und unspektakulär, aber doch wunderschön, liegt sie da, diese liebliche Landschaft mit ihren Bergen und Tälern, den Laub- und Nadelwäldern, Wiesen, Mooren, Quellen, Flüssen und einer ungemein reichen Tierwelt. Das Gebiet liegt ganz im Westen, zwischen den Flüssen Rába im Norden und Zala im Süden. Die Parkverwaltung mit dem Tourinform-Büro residiert im Dorf *Őriszentpéter (Siskaszer 26/A | Tel. 94 54 80 34 | orseg@tourinform.hu).*

Charakteristisch für die Vergangenheit dieser Region als Grenzwacht sind lang gestreckte Gebäude mit tief gezogenen Schilfdächern. Zu sehen sind sie unter anderem im *Museumsdorf Pityerszer (Juni–Aug. tgl. 10–18, April/Mai, Sept.–Nov. Di–So 10–17 Uhr)* in *Szalafő* (5 km von Őriszentpéter). *A–B 7–8*

PÁPA

(D6) **Auf Schritt und Tritt begegnet dir im barocken Pápa (30 500**

Ew.) die Adelsfamilie Esterházy. Sie war 300 Jahre lang die Burgherrin des Städtchens.
Rund um das herrschaftliche Schloss entwickelte sich die heute noch weitgehend erhaltene Bürgerstadt. Vom historischen Zentrum sind es zu Fuß nur wenige Minuten bis zum Burggartenbad, der Erlebnis- und Wellnessoase im früheren Schlosspark.

SIGHTSEEING

BLAUDRUCKMUSEUM (KÉKFESTŐ MÚZEUM)

Mal ein anderes Museum! Der erste Eindruck täuscht: Hinter dem recht schmalen Eingangsgebäude liegt die komplette, sehr schön erhaltene und präsentierte Fabrikanlage der Kluge-Färberei von 1880 (vier Gebäude). *April–Okt. Di–So 9–17, Nov.–März Di–Sa 9–16 Uhr | Március 15. tér 12 | kekfestomuzeum.hu | ⏲ 1 Std.*

PFARRKIRCHE (NAGYTEMPLOM)

Im Mittelpunkt von Pápa steht die katholische Pfarrkirche in schönstem Zopfstil des Spätbarocks mit ihren 72 m hohen Türmen und Fresken von Franz Anton Maulbertsch. *Fő tér*

ESTERHÁZY-SCHLOSS (ESTERHÁZY-KASTÉLY)

Zum Glück ist der schönste Teil des 1783 vollendeten Schlosses auch zur Besichtigung freigegeben: der Lesesaal der Bibliothek mit seinen Fresken. Er war früher mal die Schlosskapelle. Die Räume werden heute als normale Bibliothek genutzt *(1. Stock | Di–So 10–18 Uhr). Fő tér 1 | esterhazykastely.papa.hu | ⏲ 1 Std.*

ESSEN & TRINKEN

VILLA CLASSICA

In dieser Bürgervilla gibt es nicht nur ein Hotel, sondern auch ein richtig gutes Restaurant mit mediterraner und regionaler Küche, dazu eine Lobbybar. *Bástya utca 1 | Tel. 89 51 22 00 | villaclassica.hu | €€–€€€*

SPORT & SPASS

BURGGARTENBAD (VÁRKERTFÜRDŐ)

Zu diesem Bad gehören ein Thermalbad (mit mehreren Pools, Dampfbad, Saunalandschaft und Restaurant), ein Schwimmbad mit sechs 25-m-Bahnen und ein Freibad mit Riesenrutschen. *Thermalbad tgl. 9–21, Schwimmbad Mo–Fr 6–20, Sa/So 8–20, Freibad 15. Mai–15. Sept. 9–20 Uhr | Várkert út 5 | varkertfurdo.hu*

GYŐR

(▯ D–E5) **Drei Flüsse (Donau, Rába und Rábca) und eine 1000-jährige Geschichte als Bischofssitz prägen das barocke Zentrum dieser hübschen Stadt (132 000 Ew.), in der es sich wunderbar schlendern und ausgehen lässt. Und ein großes Thermalbad gibt's auch.**
Győr liegt 120 km westlich von Budapest. Der Audi-Konzern hat hier eine große Fabrik hingestellt und schuf

damit zahlreiche Arbeitsplätze in der Stadt. Spätestens mit dem Sponsoring der großzügigen Mehrzweckhalle spielten die Ingolstädter sich in die Herzen der Einheimischen.

SIGHTSEEING

BISCHOFSBURG (PÜSPÖKVÁR)

Zu Bischofsburg und Dom geht es aus der Altstadt ein wenig bergauf. Du kannst das auch als kleinen Rundweg gestalten, was besonders abends sehr romantisch ist. Am *Domkapitelhügel (Káptalandomb)* ziehen sich die Basteien vom Fluss Rába den Hügel hinauf. Mit ihrem Bau begannen italienische Festungsmeister 1537. Ihr heutiges Erscheinungsbild verdankt die Burg Bischof Ferenc Graf Zichy (18. Jh.).

LIEBFRAUENDOM (SZÉKESEGYHÁZ)

Herausragend sind beim Dom vor allem die Fresken, die Tafelbilder und das Altargemälde – alle zu verdanken dem österreichischen Maler Franz Anton Maulbertsch. Das Gebäude direkt gegenüber der Bischofsburg hat eine fast 1000-jährige Baugeschichte. Im 18. Jh. gab Bischof Ferenc Zichy den Umbau im Barockstil in Auftrag. An der Südseite liegt die im 14. Jh. erbaute gotische Kapelle mit dem Reliquienschrein des hl. Ladislaus und dem Grabmal des Märtyrerbischofs Vilmos Apor (1892–1945). Er wurde erschossen, weil er Frauen, die in die Bischofsburg geflüchtet waren, vor Übergriffen durch russische Soldaten schützen wollte. *Tgl. 8–12 u. 14–18 Uhr | Káptalandomb*

Barocker geht's nicht: St.-Ignatius-Kirche und Mariensäule in Győr

SZÉCHENYI TÉR

Der Széchenyi-Platz ist das Mittel- und Treffpunkt der alten Bürgerstadt. Zentral ragt die barocke Mariensäule in den Himmel. Die Fresken in der *St.-Ignatius-Kirche (Szent Ignác templom)* und das Bild des Hochaltars schuf der Barockmaler Paul Troger im Jahr 1744.

WIENER-TOR-PLATZ (BÉCSI KAPU TÉR)

Ein nettes Plätzchen am Rande der engeren Altstadt für einen Kaffee oder ein Abendessen: Schöne Paläste im Barock- bzw. Zopfstil sind das *Altabak-Haus* (Nr. 12) und das um 1780 errichtete *Ott-Haus* (Nr. 13). Die *Karmeliterkirche (Karmelita templom)* entstand 1721.

IMRE-PATKÓ-SAMMLUNG (PATKÓ IMRE GYŰJTEMÉNY)

Eine ganz witzige Kombination für Freunde modernerer Kunst: Zu sehen sind hier ungarische Werke des 20. Jhs., vor allem Malerei. Hineingemischt wurde aber internationale Kunst, vor allem aus afrikanischen Ländern. *April–Sept. Di–So 10–18, Okt.–März 10–16 Uhr | Széchenyi tér 4 | im Eisenstock-Haus (Vastuskós-ház) | 1–2 Std.*

ESSEN & TRINKEN

BERGMANN CUKRÁSZDA

Einfach mal probieren: Zu den süßen Spezialitäten gehören *Francia krémes* und *Rákóczi túros*. Eine legendäre ungarische Konditoreifamilie betreibt dieses Café im Esterházy-Palais in der Fußgängerzone. *Király utca 17* und *Attila utca 31 | bergmanncukraszdagyor.hu*

PÁLFFY ÉTTEREM

In perfekter Lage direkt am zentralen Széchenyi tér, richtig leckere Speisen aus frischen Zutaten. Angebote für Allergiker (z. B. glutenfreies Essen), und Vegetarier. Aber das Beste: Die Stimmung ist super, die Kellner extrafreundlich und schon bist du auch glücklich. Gutes Eis gibt's auch! Auch gutes Eis! *Jedlik*

INSIDER-TIPP
Die sind ja so nett!

Ányos utca 19 | Tel. 96 52 46 80 | palffy etterem.hu | €€–€€€

AUSGEHEN & FEIERN

BELGA

Keine Frage: Abends in der Stadt trifft man sich hier. Hinter der weißen Fassade des Traditionshotels Rába liegt dieses Caférestaurant mit Bistro-Charme, belgischer Bierkultur und belgischer Küche *(€€). Arpád út 34 | Tel. 96 88 94 60 | belgagyor.hu*

WELLNESS

RÁBA-QUELLE

Saunagarten, Salzhöhle, Kur-, Wellness- und Spa-Angebote: Am Ufer der Rába liegt das große, sympathische Erlebnis- und Thermalbad. *So–Do 9–20, Fr/Sa 9–21 Uhr | Fürdő tér 1 | rabaquelle.hu*

RUND UM GYŐR

9 PANNONHALMA ★

23 km/30 Min. per Auto ab Győr

Südlich von Győr thront weithin sichtbar auf einem 282 m hohen Hügel Ungarns bedeutendstes Kloster, die *Benediktinerabtei Pannonhalma (Mai, Sept. tgl. 9–17, Juni–Aug. 9–18, April, Okt./Nov. Di–So 9–16, sonst 10–15 Uhr | Infos zu Führungen Tel. 96 57 01 91 | bences.hu | ⏲ 2–3 Std.).* Das Bauwerk, 996 begonnen, ist beeindruckend, auch wenn der größte Teil der Anlage aus dem 19./20. Jh. stammt. Vom Urkloster blieben nur eine Kirche und die Krypta erhalten. Einzigartig ist der Prunksaal der Bibliothek (250 000 Bände). Tipp: Du kannst auch an den günstigeren und häufigeren Führungen auf Ungarisch teilnehmen und erhältst dann ein Faltblatt mit Erklärungen auf Deutsch. Ohne Führung zu besichtigen sind die Kapelle, der botanische Garten, der Park, der Aussichtsturm und die Ausstellung Sakralarchitektur. Das Kloster kann auch individuell mit einem Audioguide besichtigt werden. Parkplatz und Besucherzentrum sind modern gestaltet. Man kann nun auch kostenlos einmal um den gesamten Komplex durchs Grüne spazieren. Das Klosterrestaurant *Viator (viator.co.hu | €€)* ist ansprechend, vor allem mit feiner Weinauswahl. *📖 E5*

INSIDER-TIPP
Führerlos – entspanntes Sightseeing

10 MOSONMAGYARÓVÁR

39 km/40 Min. per Auto ab Győr

Die Stadt, in der sich der Fluss Lajta mehrfach verzweigt, ist das Zentrum des wunderbaren Naturschutzgebiets *Kleine Schüttinsel (Szigetköz),* das von der Donau und ihren Altarmen gebildet wird. Mosonmagyaróvár (33 500 Ew.) liegt nur 10 km von der österreichischen Grenze entfernt. Die Wasser- und Auenlandschaft ist ein Paradies für Natur urlauber (Reiten, Radtouren und Wassersport, wie z. B. Kanu- und Kajakfahren).

Nicht verpassen solltest du in Mosonmagyaróvár außerdem die *Alte Burg (Óvár)* und die Barockhäuser in der *Hauptstraße (Fő utca)*. Das schönste ist das *Cselley-Haus (Cselley ház | Mai-Sept. Di-So 10-18, sonst 11-17 Uhr | Fő utca 19 | hansagimuzeum.hu)* mit der wertvollen Sammlung des Arztehepaars Gyurkovich, zu der Gemälde aus dem 18./19. Jh., Porzellan und Möbel gehören.

Mosonmagyaróvár hat sich zu einer Hochburg des Zahntourismus entwickelt *(die-endverbraucher.de)*. Das *Thermalbad Flexum (Kigyó utca 1 | flexumrt.hu)* wurde modernisiert und um ein Erlebnisbad erweitert. *mosonmagyarovar.hu*

20 km weiter Richtung Donau liegt *Lipót*, zu dessen parkähnlichem *Thermalbad (Lipóti Termálés Élményfürdő | Fő utca 84 | Tel. 96 215723 | lipotfurdo.hu)* auch ein großes Erlebnisbad mit einem ganzen Rutschenpark gehört. *D4*

INSIDER-TIPP
Hier kannst du was erleben!

TATA

(F5) **Die „Wasserstadt" Tata (23 500 Ew.) war im 17./18. Jh. eine schmucke Residenzstadt mit Wasserburg und Schloss, geprägt von der Adelsfamilie Esterházy.**

Angesiedelt wurden damals auch viele Deutsche, sogenannte Donauschwaben. In der Mitte des Städtchens liegt der große *Öreg-See*. Es gibt im Ort und in der Umgebung weitere Seen, viele Quellen, Wiesen und Hügel – schön zum Baden und Angeln, für Wanderungen und Ausritte.

SIGHTSEEING

BURG (ÖREGVÁR)

Die einst königliche Wasserburg wurde von der Familie Esterházy zum Renaissance-Burgschloss ausgebaut. Im *Museum* sind archäologische Funde und Volkskunst zu sehen. *15. April-15. Okt. Di-So 10-18 Uhr | Váralja utca 3 | 1 Std.*

UHRENTURM (ÓRATORONY)

Vom 1763 errichteten hölzernen Uhrenturm erklingt zu jeder vollen Stunde ein Glockenspiel. *Országgyűlés tér*

ESTERHÁZY-SCHLOSS (ESTERHÁZY KASTÉLY)

Das Schloss wurde 1764-69 erbaut und wartet noch auf seine „Wiederbelebung". Zu seinen Gästen zählten 1809 Napoleon und 1897 der deutsche Kaiser Wilhelm II. *April-Okt. Fr-So 10-18 Uhr | Kastély tér*

UNGARNDEUTSCHES MUSEUM (NÉMET NEMZETISÉGI MÚZEUM)

Hier wird die Geschichte der aus deutschen Ländern eingewanderten Ungarn veranschaulicht. Zu sehen sind die für Ungarndeutsche je nach Region typischen Trachten, Möbel und alten Alltagsgegenstände – wie Nähmaschinen, Kaffeemühlen, aber auch historische Musikinstrumente. Bei dieser Gelegenheit lernt man viel über diese einst so wichtige Bevölkerungsgruppe. *Mo-Do 9-16, Fr 9-14, Sa 9-17 Uhr | Alkotmány utca 1 | kunymuzeum.hu | 1 Std.*

INSIDER-TIPP
Im Alltag der Donauschwaben

ESSEN & TRINKEN

PLATÁN RESTAURANT & CAFÉ

Leicht gehobenes Flair, exzellente ungarische und internationale Küche, superfreundliches Personal. *Kastély tér 6 | Tel. 34 38 05 64 | platanrestau rant.hu | €€*

RUND UM TATA

11 KOMÁROM

21 km/25 Min. per Auto ab Tata

Die gewaltige, nahe der Donau gelegene *Monostor-Festung (März–Mitte Nov. tgl. 9–18 Uhr | deutschsprachige Führung nach Voranmeldung | Dunapart 1 | Tel. 34 54 05 82 | fort-monostor.hu)* wurde 1850–71 zum Schutz Wiens erbaut. In der Anlage mit Museum und Café werden von Juni bis September Events wie Operngalas und Reitertage veranstaltet. Das *Thermalbad (tgl. 9–20 Uhr | Táncsics Mihály utca 34–36 | komthermal.hu)* bietet sechs Badepools, ein Erlebnisbecken, eine Schwimmhalle und Therapien. *F5*

SZÉKESFEHÉRVÁR

(F6–7) **Die Stadt (97 000 Ew.) wurde im Zweiten Weltkrieg stark zerstört, doch die restaurierte Altstadt Székesfehérvárs zeigt noch einiges vom einstigen Glanz.**

Der Öreg-See mitten in Tata ist allemal groß genug, um Drachenboot zu fahren

Das frühere Alba Regia bzw. Stuhlweißenburg war 500 Jahre lang ein Zentrum des ungarischen Reichs. In der 1018 von König Stephan gestifteten Basilika wurden 38 Könige gekrönt und 15 Herrscher beigesetzt. Für die Ungarn ist diese Stadt daher von immenser Bedeutung.

SIGHTSEEING

RATHAUSPLATZ (VÁROSHÁZ TÉR)

Der Kern der historischen Stadt. Bischof János Milassin ließ 1790 an der Stelle der zerstörten Basilika einen spätbarocken Bischofspalast bauen. In der Mitte des Platzes steht der *Reichsapfelbrunnen,* der 1938 am 900. Todestag von König Stephan aufgestellt wurde. Der schönste Barockbau der Stadt ist das *Hiemer-Haus (Hiemer ház | Ecke zur Jókai utca)* von 1770, das mit EU-Hilfe renoviert wurde.

STEPHANSDOM (SZENT ISTVÁN SZÉKESEGYHÁZ)

Die barocke Kathedrale entstand 1758–68, die Fresken schuf Johann Ignaz Cymbal. Die *St.-Anna-Kapelle* neben dem Dom, ein spätgotisches Kleinod von 1478, ist das einzige vollständig erhaltene mittelalterliche Bauwerk der Stadt. *Mo–Sa 9–19, So 8–19 Uhr | Arany János utca 1*

KÖNIG-STEPHAN-MUSEUM (SZENT ISTVÁN KIRÁLY MÚZEUM)

Ohne Zweifel ein wichtiges Museum mit bedeutender archäologischer, kunst- und volkskunstgeschichtlicher Sammlung. *Mi–So 10–18 Uhr | Fő utca 6 | szikm.hu | ⏲ 1 Std.*

RUINENGARTEN (ROMKERT)

Im Ruinengarten sind rekonstruierte Teile der Stadtmauer zu besichtigen, das Lapidarium birgt unter anderem Überreste der Krönungsbasilika und des Stephans-Sarkophags. *April–Okt. Di–So 9–17 Uhr | Koronázó tér | szikm.hu | ⏲ 45 Min.*

FREILICHTMUSEUM (SKANZEN)

Im alten Serbenviertel liegt das Freilichtmuseum mit schönen Häusern und der *orthodoxen Kirche* aus dem 18. Jh. mit einer bemerkenswerten Ikonenwand. *April–Okt. Mi–So 10–14 Uhr | Rác utca 11 | ⏲ 1 Std.*

ESSEN & TRINKEN

SZÁRCSA CSÁRDA

Behagliches Haus, eingerichtet im Stil der Zeit um 1900. Im Restaurant macht man es sich zumindest zur kälteren Jahreszeit am Kamin gemütlich und genießt die klassisch-ungarische Küche. *Szárcsa utca 1 | Tel. 22 32 57 00 | szarcsa.hu | €€*

RUND UM SZÉKESFEHÉRVÁR

12 TÁC-GORSIUM (GORSIUM SZABADTÉRI MÚZEUM)

16 km/20 Min. per Auto ab Székesfehérvár

Die Ausgrabungsstätte in Tác ist eine kulturhistorisch faszinierende Anlage.

Spätgotik trifft Barock: die St.-Anna Kapelle neben dem Stephansdom in Székesfehérvár

Die römische Siedlung war im 1. Jh. n. Chr. das geistige Zentrum der Provinz Pannonien. *April–Sept. tgl. 10–18, Okt. 10–17 Uhr | Nov.–März geschl., aber ein Teil des Parks kann besichtigt werden | Fő utca 6 | ⏲ 1–2 Std. | F7*

13 MARTONVÁSÁR

37 km/30 Min. per Auto ab Székesfehérvár

Das im Stil englischer Tudor-Gotik erbaute *Schloss Brunswick (Brunszvik-kastély | im Sommer tgl. 8–17, sonst bis 16 Uhr | Brunszvik utca 2)* in einem 40 ha großen Park ist der Glanzpunkt des Orts (5500 Ew.). Ludwig van Beethoven komponierte hier zwischen 1800 und 1820: Ein *Museum (Beethoven Emlékmúzeum | Di–Fr 10–12 u. 14–16, Sa/So 10–13 u. 14–16, April–Okt. Sa/So bis 17 Uhr)* erinnert daran. Im Sommer finden im Schlosspark Beethoven-Konzerte statt. *martonvasar.hu | G6*

VESZPRÉM

(E7) **Die „Stadt der Königinnen", auf fünf Hügeln erbaut, ist wie keine andere. Das über der Stadt thronende Burgviertel kommte einem wie ein einziges großes, historisch reiches und wunderschönes Freilichtmuseum vor.**

Gegründet wurde Veszprém von König Stephan im 11. Jh. als Bischofssitz. Seine Frau Gisela war die erste Herrscherin, die hier residierte. Vom 14. Jh. bis zur Türkeneroberung (1552) war Veszprém ein geistiges und weltliches

Perfektion und Handarbeit: in der Herend-Porzellanmanufaktur

Zentrum der Macht. Ihr barockes Gesicht verdankt die Stadt (60 000 Ew.) dem am Anfang des 18. Jhs. begonnenen Wiederaufbau.

SIGHTSEEING

BURGVIERTEL (VÁRNEGYED) ★

Das kleine, vollständig restaurierte Burgviertel auf der Hügelhöhe hat viel historischen Charme. Ausgangspunkt für die Besichtigung ist der hübsche *Óváros tér*. Von dort geht es nur wenige Schritte hinauf. Beim Burgtor steht der *Feuerturm (Tűztorony | April–Okt. tgl. 10–18 Uhr)* von 1814 mit einer Aussichtsterrasse. Die weiteren Sehenswürdigkeiten liegen entlang der kleinen *Burgstraße (Vár utca)* – überallhin sind es nur wenige Schritte. Gleich vorn, in einem hübschen Innenhof, ist die *Modern-Képtár-Galéria (Mai–Okt. Mi–Mo 10–18, Nov.–April Mo–Sa 10–17 Uhr | Vár utca 3)* einen Besuch wert. Die bekanntesten Namen der ungarischen abstrakten Kunst sind hier versammelt (Zeichnungen, Grafiken, Skulpturen, Gemälde). Etwas versteckt in einem Hof (auf der linken Seite) liegt das *Ziegelmuseum (Téglamúzeum | Di–So 10–18 Uhr | Vár utca 29)*, zu dem es hinunter in einen schönen Gewölbekeller geht.

Die kulturhistorischen Glanzlichter sind das *Bischöfliche Palais (Érseki Palota | Vár utca 16)*, ein Bau von 1765 im Zopfstil, sowie die wunderbare frühgotische *Gisela-Kapelle (Gizella kápolna | Vár utca 18)* von 1230 und der *Dom St. Michael (Szent Mihály Bazilika | Di–So 10–17 Uhr | Vár utca 18–20)* mit einer über 1000-jährigen Geschichte. Am Ende der historischen Straße stehen die Statuen des Königspaars Stephan und Gisela, danach geht es über eine Treppe hinunter in die Stadt. ⏲ *2 Std.*

ESSEN & TRINKEN

FRICSKA

Gemütliches Lokal in einem alten Steinhaus mit uriger Pub-Atmosphäre, guten Grillgerichten und Blick auf die Burg. Auch vegetarische Speisen und Kuchen. Wer nur auf ein Bier vorbeischauen will, ist ebenfalls bestens bedient. *Miklos utca 10 | Tel. 88 79 43 31 | €€*

OLIVA

Zur ungarischen Küche gibt's ein italienisches Ambiente. In der historischen Innenstadt, mit Grillgarten in einem herrlichen Innenhof. *Buhim utca 14–16 | Tel. 88 56 19 00 | oliva.hu | €*

SHOPPEN

YESS DRESS

Cooler kleiner Laden mit fantasievoller, verspielter Kleidung für junge Frauen. *Hoffer Ármin sétány 1 | Facebook: Yess Dress*

RUND UM VESZPRÉM

14 HEREND

15 km/15 Min. per Auto ab Veszprém

Hier kannst du Porzellanmalern bei ihrer filigranen Arbeit zuschauen, einzigartige Museumsstücke besichtigen und natürlich Porzellan bestaunen und erwerben. Die 1826 gegründete *Porzellanmanufaktur (April–Okt. tgl. 9.30–18, März, Nov.–Weihnachten Di–Sa 9.30–17 Uhr | Kossuth Lajos utca 140 | herend.com)* machte den Namen Herend weltberühmt. Im eleganten Restaurant und Kaffeehaus *Apicius (April–Okt., sonst für Gruppen nach Voranmeldung | Tel. 88 52 32 34 | €€€)* essen die Gäste von kostbarem Herend-Porzellan. *E7*

15 ZIRC

25 km/30 Min. per Auto ab Veszprém

Wie bedeutend die *Zisterzienserabtei (Rákóczi tér 1 | ocist.hu)* von 1182 mal war, zeigt sich an den Ausmaßen des Klosters. Die *Kirche (Mo–Sa 9–17, So 11–17 Uhr)* wurde 1750 im spätbarocken Stil umgebaut. Franz Anton Maulbertsch malte das Bild des Hochaltars. Ein Schmuckstück des 2016 renovierten Ensembles ist die *Bibliothek (Di–So 9–12 u. 13–16 Uhr)* im Stiftsgebäude. *1–2 Std.*

Wenige Autominuten nordwestlich liegt nahe dem höchsten Bakony-Berg Kőris (709 m) das gute Restaurant des *Hotels Szépalma (Porva-Szépalmapuszta | Tel. 88 46 88 88 | szepalma.hu | €€€)*. Das Anwesen war einst ein Gestüt der Grafen Esterházy. *E6*

PÉCS

(F10) **Die in den Hügeln am Rand des Mecsek-Gebirges gelegene Stadt (143 000 Ew.) fasziniert mit ihrem mediterranem Flair und einer fast 2000-jährigen Geschichte. Dazu kommen noch eindrucksvolle, mächtige Bauwerke und eine strahlend schöne Fußgängerzone.**

Seit über 1000 Jahren ist Pécs nun schon Bischofssitz. Und 2010 war man Europäische Kulturhauptstadt! Seitdem gibt es auch ein Konzert- und Konferenzzentrum sowie eine neue Kunsthalle, Parks und Plätze wurden neu gestaltet. Wiederbelebt wurde der große Komplex der *Keramik- und Porzellanfabrik Zsolnay (Felsővámház utca 72 | zolnay.hu),* die dem ungarischen Jugendstil sein unverwechselbares Gesicht gab. Dort entstanden außerdem ein Zentrum für Design und moderne Kunst, ein Themenpark und ein Restaurant.

SIGHTSEEING

SZÉCHENYI TÉR

Dieser wunderbare Platz, durch eine kleine Straße in zwei Hälften geteilt, ist das Herz der Stadt. Zu den schönsten Gebäuden, die ihn säumen, gehören die ursprünglich als Moschee errichtete St.-Maria-Kirche, das einstige *Jesuitenkolleg* (Nr. 11), das heute ein katholisches Gymnasium ist, das ehemalige *Komitatshaus* (Nr. 9) und das 1907 erbaute *Rathaus* an der Ecke zur Király utca. Hingucker auf dem Platz sind auch die *Pestsäule* von 1710 und der *Zsolnay-Brunnen,* ein prachtvolles Jugendstilobjekt.

Vom Széchenyi tér zweigen die beiden attraktiven Fußgängerzonen *Ferencesek utcája* und *Király utca* ab. Besonders die Király utca mit ihren prächtigen Fassaden – darunter auch das Gebäude des Nationaltheaters – ist äußerst sehenswert.

ST.-MARIA-KIRCHE (BELVÁROSI PLEBÁNIATEMPLOM) / MOSCHEE KASSIM GHASI (GÁZI KÁSZIM PASA DSZÁMIJA) ★

Diesen Moschee-Kirchen-Hybrid solltest du dir nicht entgehen lassen. Und wirst du auch nicht, denn das Bauwerk ist wirklich nicht zu übersehen: Der markante Kuppelbau der 1585 vom Pascha Kassim Ghasi in Auftrag gegebenen Moschee beherrscht den zentralen Széchenyi-Platz. Nach dem Ende der Türkenzeit wurde das Minarett abgetragen. Heute ist das Bauwerk die Innerstädtische Pfarrkirche St. Maria. Smartphones bitte in der Tasche lassen: Es herrscht allerdings strenges Fotografier- und Filmverbot. *15. April–15. Okt. Mo–Sa 9–16.30, So 12–16.30, sonst Mo–Sa 10–12, So 12–14 Uhr | Széchenyi tér | 1 Std.*

NATIONALTHEATER (NEMZETI SZÍNHÁZ)

Das Theater ist ein Prachtbau von 1893 mit einer Vielfalt von Stilelementen. Das Ballettensemble hat einen ausgezeichneten Ruf. *Perczel utca 17 | pnsz.hu | pecsibalett.hu*

JÓKAI TÉR

Wenn der kleine Platz mit den angrenzenden Restaurants aus dem Winterschlaf erwacht, vermittelt er mediterranes Feeling mit der warmen Brise, den Blumendüften und dem Stimmengewirr aus den Straßencafés.

MUSEUMSSTRASSE KÁPTALAN UTCA

In der vom Domplatz wegführenden Káptalan utca reihen sich die Museen aneinander. In Nr. 4 stellt die *Ungarische Gemäldegalerie (Modern Magyar Képtár)* ihre Werke aus. Die Nr. 2 ist ein gotisches *Propsthaus* mit barockem Relief; hier gibt es erlesene Stücke der 1868 gegründeten Porzellan- und Keramikmanufaktur Zsolnay zu sehen. Das *Vasarely-Museum* im Haus Nr. 3 erinnert mit einer Werkausstellung an Victor Vasarely (1906–97), den in Pécs

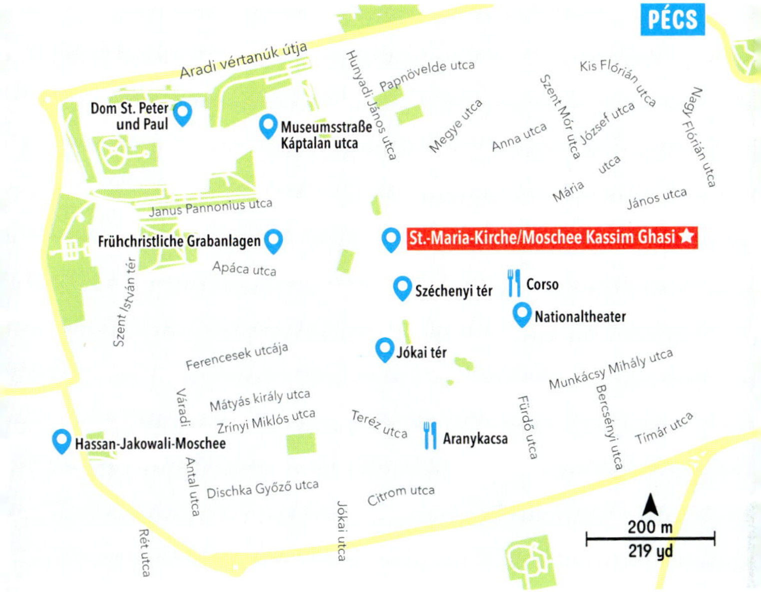

als Győző Vásárhelyi geborenen „Vater der Op-Art". *Ungarische Gemäldegalerie und Propsthaus im Sommer Di–Sa 10–18, So 10–16, im Winter Di–So 10–16 Uhr | Vasarely-Museum Mai–Okt. Di–So 10–18, Nov.–April 11–17 Uhr | jpm.hu*

FRÜHCHRISTLICHE GRABANLAGEN (ÓKERESZTÉNY MAUZÓLEUM)

Beste Blicke auf die Ausgrabungen bieten sich vom Besucherzentrum *Cella Septichora* mit seinen Glasdächern und Stegen. Zu den Funden gehören seltene Katakomben-Malereien. Die frühchristlichen Grabanlagen entstanden im 4. Jh., also in spätrömischer Zeit. *Besichtigung der fünf Grabkammern und der achteckigen Grabkapelle April–Okt. Di–So 10–18, Nov.–März 10–17 Uhr | Szent István tér | pecsorokseg.hu | 1 Std.*

DOM ST. PETER UND PAUL (SZENT PÉTER ÉS PÁL BAZILIKA)

Der Grundstein zum ersten Dom wurde im Jahr 1009 gelegt. Doch der heutige Monumentalbau mit den vier Ecktürmen, den Wand- und Deckenmalereien entstand erst 1882 bis 1891 und ist ein Meisterwerk des Historismus. Die wunderbare Orgel aus dem 19. Jh. erklingt nach ihrer Restauration wieder in voller Schönheit. Wer an der Kasse den Kantor rufen lässt, bekommt einige Minuten Orgelspiel zu hören (ca. 15 Euro). Kostenlose Orgelmusik erlebst du normalerweise Mo–Fr von 17 bis 17.45 Uhr. *April–15. Okt. Mo–Fr 10–19, So 13–17, 16. Okt.–März Mo–Sa 10–16, So 13–16*

Prächtige Wand- und Deckenmalereien, pompöser Altar: Dom St. Peter und Paul in Pécs

Uhr | zu besichtigen sind auch Dommuseum, Lapidarium sowie Bischofskeller und Bischofspalast mit Kombiticket | Szent István tér 14 | ⏲ 1–2 Std.

HASSAN-JAKOWALI-MOSCHEE (JAKOVÁLI HASSZÁN PASA DZSÁMIJA)

Das schönste türkische Bauwerk der Stadt mit einem Minarett stammt aus dem 16. Jh. Im *Museum (Di–Fr 10–14 u. 15–17 Uhr)* ist Kunsthandwerk ausgestellt. Aber allein fürs Gebäude lohnt sich ein Besuch. *April–Okt. Di–So 10–18 Uhr | Rákóczi út 2 | ⏲ 30 Min.*

ESSEN & TRINKEN

ARANYKACSA

Auf der Speisekarte der „Goldenen Ente" (mit Vinarium) stehen ungarische Spezialitäten. Nicht überraschend, dass Entenbrust die Spezialität des Hauses ist. *Teréz utca 4 | Tel. 72 51 88 60 | aranykacsa.hu | €*

CORSO

Unten, im *Bistro Corso,* geht es locker zu. Dort kann man es sich vom Frühstück bis zum Mitternachtscocktail gemütlich machen. Oben wird es dann schon schicker mit ungarisch-internationaler Küche. *Király utca 14 | Tel. 72 52 51 98 | Facebook: eozincorso | Bistro Corso €€, Enoteca €€€*

SHOPPEN

Die schönste Straße der Stadt, die *Kiraly utca,* ist nicht nur perfekt für einen Bummel, einen Kneipen- oder Restaurantbesuch, sondern man findet hier auch viele Geschäfte, von normalen Klamottenläden bis zu schicken Designershops. Einen Fabrikverkauf von Zsolnay-Porzellan gibt es auf dem neu gestalteten Areal der *Zsolnay-Fabrik (Felsővámház utca 54 | zsolnay.hu).*

RUND UM PÉCS

16 MECSEK-GEBIRGE (MECSEK HEGYSÉG)

20 km/30 Min. per Auto ab Pécs bis Orfű

Das Gebirge ist ein abwechslungsreiches Ausflugs- und Wanderziel. Einige Wanderrouten sind ausgeschildert, beginnend zum Beispiel in der Ortschaft *Orfű* mit ihren Seen und Teichen. *F10*

17 BIKAL

48 km/50 Min. per Auto ab Pécs

In Bikal hat ein 7,5 ha großer *Renaissancepark* seine Tore geöffnet. Zu den Attraktionen gehören unter anderem ein mittelalterliches Dorf und ein Ritter-Turnierplatz (auch mit Schaukämpfen). *Élménybirtok | Juli/Aug. tgl. 11–18, April–Juni, Sept./Okt. 11–16, Nov.–März 11–15 Uhr | Rákóczi utca 22 | elmenybirtok.hu | 2 Std. | F9*

INSIDER-TIPP Ritter, Rösser, Handwerker

18 SZEKSZÁRD

61 km/1 Std. per Auto ab Pécs

Jetzt wird´s richtig weinselig: Nordöstlich von Pécs liegt die hervorragende Rotweinregion Szekszárd. Wenn du in der Stadt (32 000 Ew.) vom Garay tér zum Béla tér hinauffährst, kommst du zum klassizistischen *Komitatshaus* von 1830, zum *Rathaus* im Sezessionsstil und zur *Belvárosi-Kirche* von 1805, einer der größten Hallenkirchen in Ungarn. Szekszárds Unterwelt ist ein Labyrinth aus 4500 Weinkellern. Bei *Garay Pince (Garay tér 19 | garaypince.hu)* lernst du die besten Weine der Region kennen. *szekszard.hu | G9*

19 KAPOSVÁR

64 km/70 Min. per Auto ab Pécs

Sehenswert in der Bezirkshauptstadt (61 500 Ew.) sind die lebhafte *Fő utca* (Hauptstraße) mit dem barocken *Dorottya-Haus* (Nr. 1, Hotel Dorottya) und dem *Neorenaissance-Rathaus* von 1902 (Nr. 10) sowie das *Jugendstil-Theater* von 1911 (Rákóczi tér) und die neoromanische *Nagyboldogasszony-Kathedrale* von 1886 (Kossuth tér). Das sehr gute *Kapos Restaurant (Kossuth tér | Tel. 82 51 02 79 | kaposhotel.hu | €€)* gehört zum gleichnamigen Hotel. Im *Tourinform-Büro (Fő utca 8 | tourinformkaposvar.hu)* wird regionale Handwerkskunst verkauft. *E9*

HARKÁNY

(F11) **Das ruhige und beschauliche Harkány (4500 Ew.) zieht mit seinem erstklassigen Thermalwasser zahlreiche Besucher an.**

Das Kur- und Erlebnisbad, Herzstück des Orts, liegt in einem ausgedehnten

In diesen Häuschen in Palkonya wird der örtliche Wein gekeltert

Park. Kurort ist Harkány schon seit dem 19. Jh. Die abwechslungsreiche Umgebung ist wie geschaffen für Ausflüge und Weintouren. Einfach einen abstinenten Fahrer dabeihaben oder ein Taxi nehmen, und die Degustationen können beginnen!

ESSEN & TRINKEN

TENKES CSÁRDA

Ungarische Küche, musikalische Unterhaltung, Villányer Weine: Dieses Gasthaus setzt auf gute Stimmung und Hausmannskost. *Csarnota Kültelek (an der Straße 58) | Tel. 72 42 40 57 | €€*

WELLNESS

THERMALBAD

Ideal für Familien ist diese Badeanlage. Zu den Wasserlandschaften gehören unter anderem fünf Open-Air-Becken. *Tgl. 9–18 Uhr | Kossuth Lajos utca 7 | harkanyfurdo.hu*

RUND UM HARKÁNY

20 SIKLÓS & SIKLÓS-MÁRIAGYŰD

10 km/10 Min. per Auto ab Harkány

Zu sehen gibt es in Siklós das mächtige *Burgschloss (Vár | Mai/Juni tgl. 9.30–18, Juli/Aug. bis 19, Sept.–April Di–So 9.30–17.30 Uhr | Vajda János tér 8)*. Das Herz des Marienwallfahrtsorts Siklós-Máriagyűd ist die im 18. Jh. erbaute doppeltürmige *Barockkirche (Máriagyűdi Kegytemplom | im Sommer tgl. 8.30–18.30, im Winter 9–16.30 Uhr | Vujisics utca 66)*. F11

21 PALKONYA

24 km/25 Min. per Auto ab Harkány

Dieses Weindorf nordöstlich von Harkány mit 60 Kelterhäusern aus dem 18. Jh. und einer Rundkirche hat sich zu einem Schmuckstück entwickelt und trug sogar schon den Titel „Europäisches Kulturdorf". Mitten im Ort liegt ein schöner donauschwäbischer Bauernhof, das *Schwalbenhaus (Fecskeház Fogádo | Fő utca 76 | Tel. 20 3 17 61 65 | palkonyha.hu | €)*. Mehrere Gebäude umgeben einen Innenhof, an den sich ein großer Garten an-

INSIDER-TIPP
Slow Food beim Donauschwaben

schließt. Auf den Teller kommen in urigem Ambiente regionale, und richtig leckere Gerichte. F11

22 VILLÁNY-SIKLÓS

22 km/25 Min. per Auto ab Harkány bis Villány

Die Weinregion gehört zu den besten des Landes. Entlang der Weinstraße *(borut.hu)* geht es von Villány in nordwestlicher Richtung bis Villánykövesd und Palkonya. In Villány erzählt das *Weinmuseum (Bor Múzeum | Di–So 9–17 Uhr | Bem utca 8)* die Geschichte des Weinanbaus. Hier sind mehrere „Winzer des Jahres" zu Hause und bieten Weinproben an, auf Anmeldung auch mit Essen. *villany.hu*

Spitzenplätze nehmen die Weingüter Bock und Attila Gere ein. *Bock Pension & Restaurant (Batthyány utca 15 | Tel. 72 49 29 19 | bock.hu | €€)*. Zum Weingut Gere gehört das Hotel *Crocus (Diófás tér 4–12 | Tel. 72 49 21 95 | gere.hu | €€)* mit einer Weinbar, dem Restaurant *Mandula* und einem Delikatessengeschäft (hausgemachte Pasteten, Marmeladen, Salami und andere Spezialitäten). Körperliches Wohlgefühl holst du dir bei vinotherapeutischen Beauty- und Entspannungsbehandlungen im Hotelspa. F11

23 DONAU-DRAU-NATIONALPARK (DUNA-DRÁVA NEMZETI PARK)

64 km/1 Std. per Auto ab Harkány bis Barcs

Faszinierende Uferlandschaften prägen den Nationalpark Donau-Drau. Südlich von Harkány, entlang der Grenze zu Kroatien, fließt die Drau (Dráva), nach Osten hin erstreckt sich der Park. Ans Ufer der Drau gelangst du, wenn du einige Hundert Meter vor dem Grenzübergang *Drávaszabolcs* nach rechts abbiegst (beschildert).

Im *Besucherzentrum (Dráva Kapu | Barcs-Drávaszentes | Fő utca 1 | Tel. 82 46 12 85 | ddnp.hu)* mit einer Ausstellung kann man begleitete Touren buchen und/oder ins *Grill Café (€)* einkehren.

Viel Spaß macht auch eine *Schiffstour auf der Drau (Anmeldung in Harkány bei Tour Chance | Táncsics utca 54/a | Tel. 72 48 02 72 | harkanyturizmus.hu)*. G11

SCHÖNER SCHLAFEN IN TRANSDANUBIEN

AB INS KLOSTER

Einzigartiges Ambiente inklusive: Das *Hotel Klastrom (Zechmeister utca 1 | Tel. 96 51 69 10 | klastrom.hu | €€)* in Győr bietet 40 Zimmer in einem renovierten Karmeliterkloster aus dem 18. Jh. Mit Restaurant und Innenhof.

VOM WALD IN DEN SEE

In Orfű im Mecsek-Gebirge liegen am Seeufer und am Waldrand drei Holzhäuser mit Kinderspielplatz. Sie gehören zu einem großen Naturareal mit nachhaltiger Forstwirtschaft. Hier übernachtest du extrem naturnah. *Erdei Vendégházak | Rét utca 8 | Pécs | Tel. 72 50 82 00 | mecsekerdo.hu | €*

BALATON

HERRLICH FLACH

Urlaubsoase Plattensee: Badespaß, Csárda-Romantik und Vulkane, Yachthäfen und traditionsreiche Weindörfer – all das werdet ihr hier auf jeden Fall finden – versprochen!

Für die Einheimischen ist der Balaton ihr „Ungarisches Meer". Mit 79 km Länge, 195 km Uferlinie und 594 km² Wasserfläche ist er der größte See Mitteleuropas. Und er hat mit meistens nicht mehr als 3–4 m die geringste Wassertiefe im Vergleich zu all seinen großen europäischen Kollegen. Mit seinen vielen Marinas, den Stränden,

Einladung zum Baden im Balaton: der bunte Eingang des Strandbads in Keszthely

dem Kite- und Surfangebot verspricht der extrem flache See Urlaubsvergnügen für Besucher aller Altersgruppen. Per Fahrrad lässt sich der See ganz umrunden. Eine schöne Alternative, nicht nur für schlechtes Wetter, ist die Bahnfahrt um den Balaton. Die Gleise verlaufen oft näher am Ufer als Straßen und Radwege. Günstige Kombikarten Bahn/Schiff gibt es an allen Bahnhöfen und Häfen rund um den See.

BALATON
Kamond
Karakószörcsök
Jánosháza
Devecser
Nemeskeresztúr
Veszprémgalsa
Bögöte
Keléd
Rigács
Szentimrefalva
Alsóújlak
Csipkerek
Hetyefő
Gyepükaján
Vasvár
Oszkó
Csehi
Gógánfa
Csabrendek
Bérbaltavár
Nagytilaj
Batyk
Mihályfa
Sümeg
Győrvár
Türje
Óhíd
Gősfa
Pakod
Zalaszentgrót
Egervár
Pókaszepetk
Döbröce
Bazsi
Nagykutas
Kemendollár
Vindornyaszőlős
Zalaszentiván
Kallósd
Zalaszántó
Tapolca
5
Zalaszentlászló
2
Aquacity Waterslide and Adventure Park
Várvölgy
Almásháza
Rezi
Zalaegerszeg
Karmacs
Zalacsány
Misefa
Hévíz
Balatonederics
1
3
Bocfölde
Búcsúszentlászló
Csatár
Schloss Festetics
Keszthely
S. 68
Sárhida
Pölöske
Zalaigrice
Zalaapáti
Bak
Pacsa
Balatonberény
Baktüttös
Sármellék
Felsőrajk
Balatonkeresztúr
Dióskál
Söjtör
Zalavár
Tófej
Hahót
Kéthely
Kilimán
7
Kis-Balaton
Pusztaszentlászló
Zalaszabar
Szegerdő
Gelse
Sávoly
Garabonc
Marcali
Börzönce
Kacorlak
8
Büffelreservat
Zalakaros
Bucsuta
Bocska
Zalakomár
Csapi
Csákány
Oltárc
Újudvar
Galambok
Gadány
Valkonya
Homokkomárom
Zalasárszeg
Somogysimonyi
Nagyszakácsi
Nagyrécse
Nemesvid
Eszteregnye
Szenyér
Sormás
Nagykanizsa
Miháld
Pat
Tapsony
Petrivente
Szepetnek
Nemesdéd
Sand
Vése
Tótszentmárton
Semjénháza
Böhönye
Pogányszentpéter
Inke
Molnári
Fityeház
Liszó
Iharosberény
Segesd
10 km
6.21 mi
Iharos
Nemespátró

MARCO POLO HIGHLIGHTS

★ **SCHLOSS FESTETICS**
Das drittgrößte Schloss Ungarns liegt mitten in der Stadt Keszthely ➤ S. 68

★ **BADACSONY**
Berühmter Weinberg mit Top-Aussichten und Winzer-Direktverkauf ➤ S. 70

★ **HÉVÍZ**
Kurort am einzigartigen Thermalwassersee unter freiem Himmel ➤ S. 68

★ **KIS-BALATON**
Neben dem Südzipfel des Neusiedler Sees Ungarns Top-Vogelschutzgebiet ➤ S. 71

★ **TIHANY**
Die Halbinsel mit ihrer Abtei bietet traumhafte Aussichten auf den Balaton ➤ S. 72

KESZTHELY

(C8) **Das schöne Städtchen (19 500 Ew.) liegt im äußersten Westen des Balaton.**

Den Mittelpunkt von Keszthely bilden die vollständig restaurierte historische Innenstadt und das prächtige Schloss Festetics. Dazu gibt´s noch das informative Balaton-Museum. Ach ja, und natürlich einen Strand! Aus Keszthely ist es auch nur eine kurze Fahrrad- bis zum *Kis-Balaton,* dem naturbelassenen „Kleinen Plattensee", sowie in den Kurort Hévíz mit seinem einzigartigen, großen Thermalsee.

SIGHTSEEING

SCHLOSS FESTETICS (FESTETICS KASTÉLY ÉS) ★

Mit dem Bau begann der Geheimrat Kristóf Festetics 1745. Sein heutiges, prunkvolles Gesicht verdankt das Schloss dem von Tasziló Festetics 1883–87 veranlassten Ausbau. Besonders kostbar und wertvoll ausgestattet ist der Bibliothekssaal. Am Schloss beginnt auch der größtenteils autofreie und daher spazierfreundliche Weg durchs Zentrum der Stadt, vorbei am Rathaus. *Schlossmuseum (Helikon Kastélymúzeum) Juli/Aug. tgl. 9–18, Mi auch 21–24, Mai/Juni, Sept. tgl., Okt.-April Di-So 10–17 Uhr | Kastély utca 1 | helikonkastely.hu | 1–2 Std.*

BALATON-MUSEUM (BALATONI MÚZEUM)

Interessante Ausstellung zur Geschichte des Sees. Umfangreich, spannend gestaltet – du wirst einen Besuch nicht bereuen, wenn du in das Thema Plattensee buchstäblich eintauchen willst. *Juni-Aug. tgl. 9–18, Mai, Sept. Di-Sa 9–17, sonst bis 16 Uhr | Múzeum utca 2, Eingang Kossuth Lajos utca | balatonimuzeum.hu | 2 Std.*

ESSEN & TRINKEN

VADASKERT CSÁRDA

Wild- und Fischgerichte spielen hier die Hauptrolle – kein Zufall, denn das Lokal heißt auf Deutsch „Jägergarten-Gasthaus". Dazu passt, dass es direkt am Waldrand liegt, mit schöner Terrasse im Grünen, freundlichem Service und bezahlbaren Preisen. *Hévízi út | im Ortsteil Kertváros | Tel. 83 31 27 72 | vadaskertcsarda.hu | €–€€*

SPORT & SPASS

Badespaß und ein großes Sportangebot (Ballspielplätze) gibt's am *Városi-Strand* an der Promenade Csík Ferenc sétány, aus dem Stadtzentrum zu Fuß zu erreichen. Man kann aber auch mit seinem fahrbaren Untersatz anreisen und dort parken.

RUND UM KESZTHELY

1 HÉVÍZ ★

7 km/15 Min. per Auto ab Keszthely

Der rund 45 000 m² große Thermalwassersee ist die Attraktion des be-

Reparaturbedürftige Wasserspiele und wilder Stilmix: Schloss Festetics in Keszthely

kannten Kurorts (4600 Ew.). Das Wasser tauscht sich auf natürliche Weise alle 72 Stunden komplett aus, und seine Temperatur ist auch im Winter nie niedriger als angenehme 23 Grad. Das Seebad *Tófürdő (Sommer tgl. 8.30–18, sonst 9–17 Uhr)* hat zwei Eingänge: in der *Dr. Schulhof Vilmos sétány 1* und an der Ausfahrtstraße in Hévíz (mit Parkplatz). In der schön gestalteten Anlage kann man locker ein paar entspannte Stunden verbringen. Wer es nicht ganz so natürlich will: Ein klassisches Wellnesshotel mit neuem Erlebnisbad ist das *Danubius Health Spa Resort (Kossuth Lajos utca 9–11 | Tel. 83 88 94 00 | danubiushotels.com/heviz)*.

Im Ortsteil Egregy, dem Weingürtel, gibt es im Weinrestaurant *Máriaudvar Borozó (März–Mitte Nov. | Dombföldi út | Tel. 30 5 45 58 49 | €)* gute Hausmannskost und Weine aus der Region – schöne Aussichten aufs Tal inklusive. Fahrradverleih in der *Tourinform (Rákóczi utca 2 | Tel. 83 54 01 31 | heviz.hu)* C8

INSIDER-TIPP
Wein trinken im Weinberg

2 AQUACITY WATERSLIDE AND ADVENTURE PARK

50 km/50 Min. per Auto ab Keszthely

Bei 6000 m² Wasserfläche bleiben bei dieser Großanlage in *Zalaegerszeg* bei Kids wie auch bei Erwachsenen keine Wasserwünsche offen (Wellenbad, Sprung-, Baby- und Kinderpool). *15. Juni–Sept. tgl. 10–20 Uhr | Tagesbadekarte 3000 Ft., Kinder 7–17 Jahre 2400 Ft., Kinder bis 6 Jahre 1500 Ft., günstiger nach 15 Uhr | Fürdő sétány 2 | aquacity.hu/en |* C8

3 BALATONEDERICS

15 km/20 Min. per Auto ab Keszthely

Kamelreiten am Balaton? Klar, das gibt es auch. Und dies ist nicht die einzige Attraktion auf dem 2 ha großen Gelände des *Afrika-Museums* von Balatonederics. Kinder können auf einem Pony reiten oder sich in den Hüpfburgen austoben. Auch für größere Gäste gibt es etwas, zum Beispiel einen elektrischen Rodeo-Bullen. Festhalten! *Juni–Aug. tgl. 9–17.30, April/Mai, Sept./Okt. 9–16 Uhr | Eintritt 1900 Ft., Kinder bis 18 Jahre 1300 Ft. | Kültelek 11, an der Landstr. 71 | afrikamuzeum.hu | 2–3 Std. | D8*

4 BADACSONY ★

25 km/30 Min. per Auto ab Keszthely

Wie ein Göttersitz steht der Basaltbrocken am See. Vom Hafen in dem kleinen, gleichnamigen Ort geht es zwischen Weinstöcken aufwärts und dann die ganze Zeit parallel zum See mit herrlichem Panorama. Günstigen Wein – und meistens auch Gratisverkostungen – gibt es bei den Händlern in ihren Buden entlang dem Sträßchen.

Moderne ungarische Gerichte kommen im *Szeremley Borház (Kisfaludy utca 5 | Tel. 87 43 13 82 | szeremleyborhaz.hu | €€€)* auf die Teller, das zu einem der besten Weingüter des Landes gehört, auch solche von Graurindern und Mangalica-Schweinen aus der eigenen Bio-Landwirtschaft. Dazu gibt´s Balaton-Blick de luxe von der von Weinreben überdachten lauschigenTerrasse. *D8*

Reiche Weingärten, übeblaugrünem See kaum eine Wolke:Balaton pur in Badacsony

5 TAPOLCA

27 km/30 Min. per Auto ab Keszthely

Absolut unterirdisch! Dort ist Tapolca (15 000 Ew.) am schönsten. Genauer gesagt in der großartigen *Seehöhle Tavasbarlang (tgl., Juli–Aug. 9–20, März–Juni, Sept./Okt. 9.30–17, sonst 9–16.30 Uhr, Kassen schließen 60 Min. vorher | Eintritt 2200 Ft., im Sommer Tickets vorher online sichern | Kisfaludy Sándor utca 3 | bfnpi.hu/de)* mitten im Ort mit Felshallen, Tropfsteingebilden und einem See, auf dem du Boot fahren kannst. Und gesund ist´s auch, denn in der Höhle herrscht ein Heilklima, das zu Kuren genutzt wird. *D7*

INSIDER-TIPP
Bitte tief durchatmen!

6 NATURSCHUTZMEIEREI SALFÖLD (SALFÖLD MAJOR)

35 km/40 Min. per Auto ab Keszthely

Altungarische Steppenrinder, Zackelschafe, Mangalica-Schweine und knuffige Komondor-Hirtenhunde sind auf dem Hof in diesem kleinen Dörfchen zu sehen, das zwischen Keszthely und Tihany liegt. Zum Angebot gehören auch Reitershows, Kutschfahrten, Ausritte und ein Spielplatz – alles in direkter Nähe zum Balaton. *15. März–April, Sept.–15. Nov. tgl. 9–17, Mai–Aug. 9–19 Uhr | Eintritt 600 Ft., Kinder bis 14 Jahre 400 Ft. | Reitershows 2400 Ft., Kinder 1600 Ft., Reitunterricht 1 Stunde 7000 Ft., Kutschfahrt 1 Stunde 2000 Ft., Kinder 1000 Ft. | 7 km nordwestlich von Révfülöp | bfnp.hu/de/meierhof-salfold | 3 Std. | D8*

INSIDER-TIPP
Einmal Plattensee-Cowboy sein

7 KIS-BALATON ★

26 km/25 Min. per Auto ab Keszthely zur Kányavár-Insel

Ausgedehnte Schilfgebiete, große Wasserflächen, Sumpfwiesen, Tümpel, Auen und vor allem absolute Ruhe machen den „Kleinen Balaton" zu *dem* Vogelschutzgebiet Ungarns. Im Herbst rasten hier um die 50 000 Wildgänse, dazu Silberreiher, Schellenten, Kormorane, Rohrdommeln und und und. Insgesamt machen hier 250 teils sehr seltene gefiederte Arten ihre Schnäbel nass. Ein großer Teil des Naturschutzgebiets darf nur auf geführten Touren bestaunt werden, aber auch per Auto oder Fahrrad kommst du ins Reich der Vögel, nämlich auf der kleinen Insel *Kányavár (Kányavár sziget)*. Vom Parkplatz geht´s per Brücke zu Fuß auf das Eiland, auf dem du dann spazieren, beobachten, genießen, ja sogar picknicken kannst. *bfnp.hu/de/kis-balaton | C8*

8 BÜFFELRESERVAT (KÁPOLNAPUSZTAI BIVALYREZERVÁTUM)

32 km/30 Min. per Auto ab Keszthely

Wasserbüffel, sogar zum Anfassen nah, sind hier das besondere Erlebnis, besonders für Familien. Hier haben die früher in Ungarn heimischen Tiere eine Überlebenschance. Ein paar vergnügliche Stunden sind auf dem ausgeschilderten Wanderweg durch herrliche Landschaft schnell verbracht, zumal dies auch der perfekte Ort für ein ausgiebiges Picknick auf einem der Rastplätze ist. Direkt beim *Kis-Balaton*, dem kleinen Plattensee. *Mai–Aug. tgl. 9–19 Uhr, sonst kürzer | Ein-*

tritt 1000 Ft., Kinder bis 14 Jahre 500 Ft. | Kápolnápuszta (6 km nordöstlich von Zalakomár) | bfnp.hu/de/ buffelreservat-am-kis-balaton-kapolnapuszta | 2–3 Std. | C9

TIHANY

(E7) **Die Halbinsel ★ Tihany (1400 Ew.) mit ihren denkmalgeschützten Fischerhäusern und reetgedeckten Höfen ragt 5 km in den See hinein.**

Sie ist 27 km² groß und steht unter Naturschutz. Eine Besonderheit sind die beiden Kraterseen. Der *Innere See (Belső-tó)* ist ein ideales Angelrevier, am *Äußeren See (Külső-tó)* leben viele seltene Vögel. Der Name Tihany wird übrigens ungefähr ausgesprochen wie „Tihonj".

SIGHTSEEING

ABTEIKIRCHE (TIHANY BENCÉS APÁTSÁG)

Diese Barockkirche mit Kloster aus dem 18. Jh. besitzt eine prächtige Innenausstattung. Vor dem Kirchenbau steht ein modernes Besucherzentrum. Das Schönste an ihr ist aber trotzdem ihre Lage. Direkt im Inselhauptort Tihany erhebt sie sich majestätisch über dem gesamten Plattensee. Das bedeutet zweierlei: Erstens kann man die Abteikirche fast vom gesamten Balaton aus auf ihrem Hügel erkennen. Zweitens hast du ein perfektes Panorama, wenn du selbst auf diesem Hügel stehst. Rund um die Kirche wurden ein paar schöne Spazierwege mit Aussichtsterrassen eingerichtet. *András tér | tihanyiapatsag.hu | 1 Std.*

FREILICHTMUSEUM (SKANZEN)

In Spazierweite von der Abteikirche, ebenfalls mitten im Ort Tihany, ist dieses kleine Museum ein schöner Ort für einen kurzen Zwischenstopp, um in die alten Zeiten dieser herrlichen kleinen Halbinsel einzutauchen. Zu sehen bekommst du auf diesem sehr übersichtlichen, aber liebevoll gestalteten Gelände historische Gebäude wie das Haus der Fischerzunft und ein Töpferhaus, wo auch genau dargestellt wird, wie die Menschen sich anno dazumal ihr Brot verdient haben. *Di–So 10–18 Uhr | Pisky sétány 12 | tihany.hu | 1 Std.*

FÄHRE

Die kleine Halbinsel hat praktisch nur einen Ort, der ebenfalls Tihany heißt. Ganz an der Spitze des Fast-Eilands gibt es dann aber noch einmal ein paar Häuser. Dort setzt in regelmäßigem Verkehr eine Autofähre hinüber auf die hier besonders nah gelegene Südseite des Plattensees, nach *Szantód,* wenige Kilometer von Siófok entfernt. Entweder beginnst du mit der Fähre und kommst dann nach einer großen Balaton-Rundfahrt auf dem Landweg wieder zurück, oder du setzt über, bleibst aber in der Gegend: in Zamárdi am Strand, in Siófok zum Einkaufen. Per Fähre geht´s dann abends einfach retour. Selbst in der Nebensaison verkehrt die Fähre einmal pro Stunde oder öfter. Leider dauert die Überfahrt nur knapp 10 Minuten. *Ti-*

Keramik zwischen Lavendel: Töpferkate mit Laden im Freilichtmuseum auf Tihany

hany Rév | Tel. 87 44 83 07 | Auto 1900 Ft. | balatonihajozas.hu

ESSEN & TRINKEN

PIER CAFÉ / MÓLO CAFÉ

Direkt unterhalb vom Hauptort an der Ostküste hört dieses kleine Lokal auf zwei Namen. Hier kannst du dich nicht nur recht günstig satt essen mit einfachen ungarischen Speisen wie *lángos* mit verschiedenem Belag, Gulaschsuppe oder Pfannkuchen und den Blick über den Plattensee schweifen lassen, sondern auch gleich selbst hineinspringen. Ein schöner Platz auch für ein Bierchen am Abend oder eine der hausgemachten Limonadensorten an einem heißen Nachmittag. *7117 Tihany | Tel. 30 9 47 88 48 | molo cafetihany.hu | €*

LEVENDULA KÁVÉZÓ

Das „Lavendel-Café" in einem kleinen historischen Steinhaus an den Spazierwegen rund um die Abtei ist genau richtig für eine Pause bei einem Kaffee und selbst gebackenem Kuchen – ganz egal ob auf der Terrasse mit 1a-Seeblick oder im gemütlichen Drinnen. Unten an der Hauptstraße gibt es noch eine hervorragende „Lavendel"-Eisdiele. *Batthyány utca 24 | Facebook: Levendula Cafe*

SHOPPEN

Einfach mal im Örtchen Tihany die Hauptstraße *Batthyány utca* entlanglaufen. Hier klebt ein Souvenirshop am nächsten. Im Sommer stolpern viele Touristen hier durch, deswegen solltest du keine Schnäppchen erwarten. Aber geschmackvoll und ästhetisch gemacht ist das alles schon. Besonders schön sind die Paprikaschoten, die als Deko zu Hunderten draußen vor den Geschäften hängen.

SPORT & SPASS

Direkt unterhalb des Orts an der Ostküste, beim oben beschriebenen Pier Café, ragt eine kleine Seebrücke in den Balaton hinein. Hier gibt´s auch einen Strand für den perfekten Sprung ins Wasser, zum Beispiel während der morgendlichen Joggingrunde, falls du in Tihany übernachtest. Es gibt kaum was Schöneres am Balaton.

RUND UM TIHANY

9 BALATONUDVARI

10 km/15 Min. per Auto ab Tihany

An der Attraktion dieses 300-Seelen-Dorfs ist man blitzschnell vorbeigesaust, wenn man nicht aufpasst. Direkt an der Durchfahrtstraße liegt der *Friedhof der Herzen (Szív alakú sírkövek)*. Als Zeichen seiner Liebe meißelte ein Steinmetz, dessen Verlobte im Plattensee ertrunken war, einen Grabstein in Herzform. Und weil Romantik ansteckend ist, taten viele es ihm nach. Die herzigen alten Steine stehen heute unter Denkmalschutz.

Ausspannen bei fantastischer Aussicht kannst du im reetgedeckten Ensemble *Laci Pince Csárda (Öreg hegy | Vászoly | Tel. 87 70 48 22 | lacipince.hu | €€)*, 2,5 km abseits der Straße 71, mit Weinkeller und Terrasse. Klassisch-ungarisch-deftige Karte, und auch der Kuchen schmeckt hier. *(📖 E7)*

BALATONFÜRED

(📖 E7) **Das balatonnahe Kurzentrum des Städtchens Balatonfüred (13 000 Ew.) erstrahlt wieder in historischer Schönheit.**

Der Platz *Gyógy tér* öffnet sich zum See hin und mündet in eine Platanenallee mit Panoramablick, die *Rabindranath-Tagore-Promenade (Tagore sétány)*. An der *Zákonyi utca* bietet eine kleine Piazza mit Caférestaurant am schilfgesäumten See südliches Flair. Natürlich kannst du direkt daneben auch im schicken Yachthafen ein wenig umherschlendern. Balatonfüred ist nicht die Hauptstadt des Balaton, aber dafür sicherlich der hübscheste und eleganteste Ort.

ESSEN & TRINKEN

BARICSKA CSÁRDA

Mitten im Kurort und doch irgendwie ganz im Grünen liegt dieses gemütliche Restaurant mit ungarischen Küchenklassikern und einer klasse Auswahl an Balaton-Weinen. Doch das Beste ist die Sicht von der Terrasse auf einen Miniweinberg und natürlich auch den Plattensee höchstselbst. *Baricska dűlő | Tel. 87 95 07 38 | baricska.hu | €€–€€€*

BERGMANN CUKRÁSZDA

Geschmacksalarm: Die Kuchen und Torten in diesem Café sind die wahrscheinlich besten am Balaton. Auch schöne Sitzplätze draußen im Grünen.

INSIDER-TIPP
Kuchengenuss mit Prozenten

Eine nicht ganz harmlose, aber extrem köstliche Versuchung ist der Irish Cream Cake. *Zsigmond utca 1* und *Petőfi Sándor utca 64 | bergmanncukraszda.hu*

BORCSA

Restaurant in bester Lage an der Promenade mit Plattenseeblick. Auf der Speisekarte stehen vor allem Grillgerichte, aber auch die ganze Palette einheimischer Speisen und internationaler Klassiker. Große Portionen, faire Preise. *Tagore sétány | Tel. 87 58 00 70 | borcsaetterem.hu | €–€€*

SPORT & SPASS

ANNAGORA AQUAPARK

Ein Sommerhit bei Groß und Klein ist dieser Wasserpark: fünf Rutschen nebeneinander, Wellenbad, Wellness und Erlebnisbecken. *Ab Anfang/Mitte Juni tgl. 9–19 Uhr | Tageskarte 6200 Ft. | Fürdő utca 35 | annagora.com*

KOSSUTH-FORRÁS (TRINKHAUS)

Nach dem vielen Verzehr von Wein, Gulasch und *lángos* könntest du etwas für deine Gesundheit tun. Dafür bist du hier richtig! Auf dem großen Platz gleich gegenüber der Herzklinik steht seit über 200 Jahren das hübsche, klassizistische Brunnenhäuschen der *Kossuth-Quelle*. Deren gesundes Wasser ist nicht nur frei zugänglich, son-

Spiegelglatt ruht der See: blaue Stunde am Anleger von Balatonfüred

Einst Wasserturm, heute so etwas wie das Wahrzeichen von Siófok

dern auch vollkommen gratis. Also: Flasche(n) abfüllen! *Gyógy tér*

SIÓFOK

(🕮 E7) **Die Hauptstadt des Balaton (25 500 Ew.) ist schon von Weitem an ihrem Wahrzeichen zu erkennen, dem 45 m hohen Wasserturm.** Im Sommer ist Siófok der lebhafteste Ort am Balaton, eine angesagte Partydestination ist die Promenade *Petőfi sétány*. Daher auch der Ruf, dass es hier so wild zugehen kann wie am Ballermann von Mallorca. Aber alles halb so schlimm: Außerhalb der besonders lauen Sommernächte ist es hier ganz ruhig und gesittet.

SIGHTSEEING

FŐ TÉR

Der Hauptplatz von Siófok wurde jahrelang umgebaut und hat seither klar an Attraktivität gewonnen. Das Einkaufszentrum *Sió-Plaza* (mit Restaurants, Kasino, Bowlingbahn und Kino) entstand ebenso wie ein völlig neues Styling für den ehemaligen *Wasserturm (Viztorony)*, in dem auch die Touristinfo sitzt. Zum neuen Areal gehört der *Szabadság tér* mit Skulpturen des international renommierten Bildhauers Imre Varga, der in Siófok geboren wurde.

ESSEN & TRINKEN

AMIGO

Ein zu Recht sehr beliebtes Restaurant. Ungarische Küche und prima Pizzavariationen in lockerer Stimmung. Genau das Richtige für vor oder nach dem Strand. *Fő utca 99 | Tel. 84 31 09 23 | amigopizzeria.hu | €*

MALA GARDEN

Hier summieren sich die Toplage am See, die mediterran-asiatische Küche und die Innenarchitektur zu einer eleganten, entspannten Atmosphäre. *Petőfi sétány 15/a | Tel. 84 51 09 80 | de.malagarden.hu | €€–€€€*

SPORT & SPASS

Klar, Siófok ist im Sommer eine einzige Partymeile, aber auch überlaufen. Der wie eine kleine Halbinsel in den Balaton ragende *Sóstó-Strand* am östlichen Ortsrand ist etwas relaxter – Livemusik und Feierlaune sind trotzdem inklusive *(balaton-beach.com)*.

INSIDER-TIPP
Strandpartys, aber relaxt

Wer nicht in den See will, erholt sich im *Thermal- und Erlebnisbad Galérius (tgl. 9–21 Uhr | Szent László utca 183 | galerius-furdo.hu)*.

AUSGEHEN & FEIERN

Sommerevents (Musicals, Tanzperformances) gibt's auf der *Freilichtbühne im Jókai-Park*. Partymagneten sind der *Palace Club (Siófok-Ezüstpart)* und das *Coca Cola Beach House (am Petőfi-Strand)*.

RUND UM SIÓFOK

10 ZAMÁRDI

12 km/15 Min. per Auto ab Siófok

In diesem Ort (2400 Ew.) zieht sich nicht nur ein schöner, langer Balatonstrand dahin, sondern du kannst dich auch einer ganz besonderen Beschäftigung widmen: Bogenschießen auf einer Waldlichtung, beim familienfreundlichen Weinrestaurant *Szent Kristóf Pincészet (Alsópincesor 4 | Tel. 30 9 36 50 92 | stkristof.com/de | €€)*. Instruktoren weisen Anfänger gern in die Kunst des Bogenschießens ein (mit Ausrüstung für bis zu fünf Personen 3000 Ft. pro Stunde). Auch das Restaurant selbst ist definitiv einen Besuch wert. Mit Schaukeller und Weinverkostung. Speisen aus fast ausschließlich regionalen Zutaten wie Schulterbraten vom Hirsch mit Thymian-Jus. *E8*

SCHÖNER SCHLAFEN AM BALATON

MÜHLENROMANTIK

Im Lexikon sollte neben dem Wort „Idylle" ein Foto dieser Unterkunft stehen. Ein 3 ha großes Anwesen namens *Tamás Bátyó Gunyhója (7 Zi. | Malomvölgy | Tel. 30 3 15 03 41 | szallas-gunyho.hu | €–€€)* mit restauriertem Mühlenhaus, Bach und Mühlenteich. Und das Ganze nur einen Fußweg vom Balatonufer entfernt. Dabei verirren sich hierher kaum ausländische Touristen. Einfache, saubere Zimmer.

ES GRÜNT SO BIO

Nomen est omen: das „Grüne Haus", *Zöldház Bio Panzió (9 Zi., 5 Apt. | Kossuth Lajos utca 16 | Gyenesdiás | Tel. 30 9 46 90 72 | zoldhazec.hu | €€)* ist eine außergewöhnliche Öko-Oase mit Ladengeschäft und liebevoll eingerichteten, komfortablen Zimmern. Morgens wird ein Biofrühstück, abends ein Biobuffet aufgetischt. Natürlich gibt's auch glutenfreies und veganes Essen sowie Yogakurse!

DONAUKNIE

TRAUMHAFT GEBOGEN

Eine Landschaft, die verzaubert: Berge und Burgpaläste, charmante Städtchen, Kunst und viel Geschichte. Ach so, und dann ist da natürlich noch Budapest!

Natur und Kultur verbinden sich im Donauknie zu einer einzigartigen Symbiose. Die Donau trägt entscheidend zum Charme der Region bei. Auf der kurzen Strecke zwischen dem Schmuckkästchen Szentendre und Esztergom vollzieht der Fluss gleich mehrere starke Windungen. Gesäumt wird der Wasserlauf von Hügellandschaften

Abendstimmung in Budapest, im Vordergrund die berühmte Kettenbrücke

wie dem Börzsöny-Gebirge und den Pilis-Bergen. Bis zur ersten Donauschleife bei Vác sind es vom Zentrum Budapests nur etwa 40 km. Also: Kein Grund, nur in der Hauptstadt zu bleiben, auf geht´s nach Norden, immer der Donau nach!

DONAUKNIE

Borsosberény
Diósjenő
Rétság
Nagybörzsöny
Malé Kosihy
Ipolytölgyes
SLOVENSKO
Nógrád
Salka
Letkés
Berkenye
Márianosztra
Kóspallag
Szokolya
Leľa
Szendehely
Bajtava
Ipolydamásd
Kamenica nad Hronom
Chľaba
Kismaros
Verőce
Szob
Basilika Mariä Himmelfahrt
Kisoroszi
Obere Burg
Esztergom
S. 92
Dunabogdány
König-Matthias-Palast
Visegrád
S. 91
Vác 3
Dömös
Tahitótfalu
Duna
Pilisszentlélek
Pilisszentlászló
Dorog
Leányfalu
Kesztölc
Csolnok
Pilisszentkereszt
Szigetmonostor
Leányvár
Göd
Szentendre
S. 88
Fő tér
Piliscsév
Pilisszántó
Dág
67 km, 1 ¼ Std.
Pomáz
Úny
Pilisjászfalu
Csobánka
Piliscsaba
Dunakeszi
Pilisvörösvár
Budakalász
Tinnye
49 km, 1 Std.
Pilisborosjenő
Perbál
Üröm
22,5 km, 30 Min.
Solymár
Nagykovácsi
Tök
Budajenő
Telki
Remeteszőlős
Zsámbék
Páty
Budakeszi
Herceghalom
M1
Fischerbastei
Budapest
S. 82
Biatorbágy
Budaörs

MARCO POLO HIGHLIGHTS

★ **FISCHERBASTEI**
Schönster Aussichtspunkt in Budapest
➤ S. 82

★ **SCHLOSS GÖDÖLLŐ**
Barockjuwel und Lieblingsschloss der Kaiserin Sisi ➤ S. 88

★ **BASILIKA MARIÄ HIMMELFAHRT**
Die monumentale Kathedrale in Esztergom ist ein Muss ➤ S. 92

★ **FŐ TÉR VON SZENTENDRE**
Hauptplatz mit Blick auf die Architektur- und Kunstschätze der Stadt ➤ S. 88

★ **KÖNIG-MATTHIAS-PALAST**
Prunkvoller Königspalast aus dem 15. Jh. in Visegrád ➤ S. 91

★ **OBERE BURG (FELLEGVÁR)**
Wahnsinnig schöne Donau-Aussichten von weit oben ➤ S. 91

BUDAPEST

(🕮 G–H 5–6) **Auf der einen Seite das hügelige Buda mit Burgberg und Fischerbastei, auf der anderen das flache Pest mit dem Parlament, dazwischen die Donau und ihre Brücken – Budapest ist eine großartig gelegene Stadt.**

Ihr eklektizistisch geprägtes Gesicht verdankt die Metropole (1,75 Mio. Ew.) einem unvergleichlichen Bauboomin den letzten 150 Jahren. Die wichtigsten Sehenswürdigkeiten liegen sich direkt gegenüber auf dem Burgberg und in der Pester Innenstadt. Wer nicht im Zentrum auf Parkplatzsuche gehen und stattliche Gebühren zahlen will, stellt sein Auto ein Stückchen außerhalb ab, zum Beispiel an einer Metrostation, oder lässt es bei der Unterkunft stehen und nimmt Bus und Bahn, zumal die Straßenbahnen wirklich überall im Zentrum herumrattern. Außerdem gibt's natürlich noch die Metro, im Fall der historischen Linie Nr. 1 ist sie sogar eine echte Sehenswürdigkeit! Ausführliche Informationen im Marco Polo Reiseführer „Budapest".

WOHIN ZUERST?

Batthyány tér *(🕮 b3)*: Ein guter Startpunkt in der Hauptstadt ist dieser Platz nahe dem Donauufer auf der Budaer Seite – gleich gegenüber vom Parlament und schräg unterm Burgberg. Auch die Kettenbrücke hast du von hier im Blick. Hier halten die Metro und – unterirdisch – die Vorortzüge.

SIGHTSEEING

BURGPALAST (BUDAVÁRI PALOTA)

Die historische Standseilbahn bringt einen vom Donauufer direkt hier hinauf: Der erste, später völlig zerstörte Königssitz entstand im 13. Jh., 1715 wurde der Bau eines barocken Palasts begonnen, dem die Stadt und die Donau jetzt zu Füßen liegen. Nach dem Zweiten Weltkrieg erhielt der Burgpalast ein neobarockes Gesicht. Er beherbergt die Nationalbibliothek und mehrere Museen. *Szent György tér | 🕮 b4–5*

FISCHERBASTEI (HALÁSZBÁSTYA) ★

Eines der Top-Fotomotive der Stadt. Das Treppen- und Bastei-Ensemble wurde 1899–1906 auf den Mauern einer mittelalterlichen Befestigungsanlage errichtet – was man auch immer noch gut erkennen kann. Der Name kommt daher, dass in früheren Zeiten die Fischerzunft für die Verteidigung dieses Teils der Burgmauer zuständig war. Traumblicke auf Fluss, Parlament und Pest. *Szentháromság tér | ⏲ 45 Min. | 🕮 a4*

MATTHIASKIRCHE (MÁTYÁS TEMPLOM)

In dieser Kirche mit der charakteristischen Fassade direkt neben der Fischerbastei wurde 1867 das österreichische Kaiserpaar Franz Joseph I. und Elisabeth (Sisi) zum König und zur

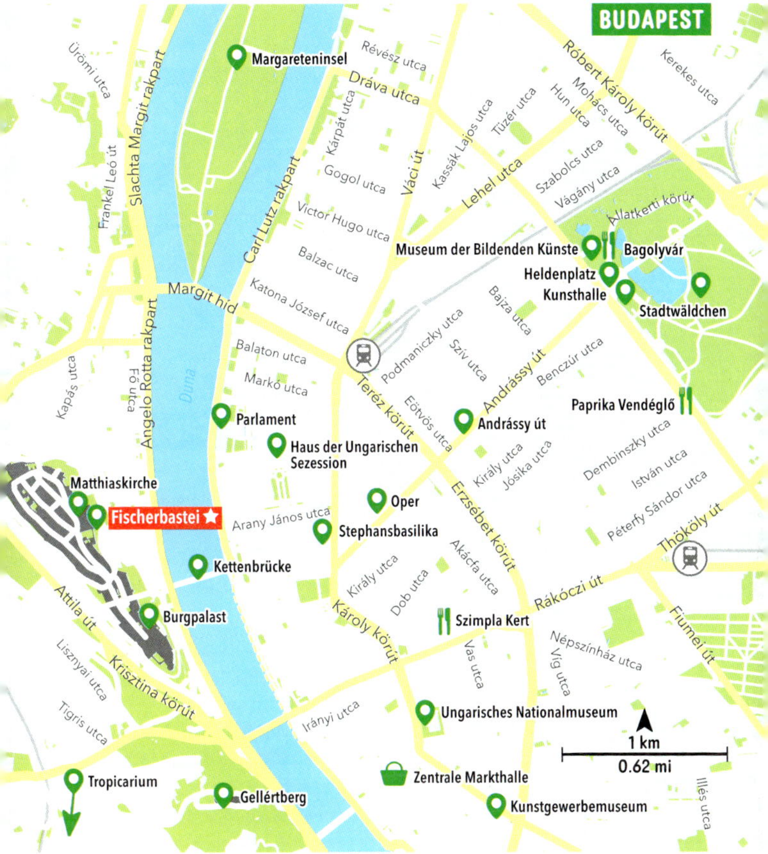

Königin von Ungarn gekrönt. *Mo–Fr 9–17, Sa 9–12, So 13–17 Uhr | Szentháromság tér | matyas-templom.hu |* *a4*

GELLÉRTBERG (GÉLLERTHEGY)

135 m hoch liegt der Hügel mit der Freiheitsstatue über dem Budaer Donauufer. Von der Zitadelle auf der Kuppe hat man den weitesten Blick über die Stadt. Am Fuß des Bergs, bei der Freiheitsbrücke (Szabadság híd), glänzt das prunkvolle, berühmte *Gellért-Thermalbad (tgl. 6–20 Uhr | Kelenhegyi út 4 | gellertbad.hu),* wo auch einige Spazierwege hinauf auf den Berg beginnen. Sonst gibt es vom Platz Móricz tér aber auch einen Bus. *Szirtes út | Citadella sétány |* *b6*

KETTENBRÜCKE (SZÉCHENYI LANCHID)

Eine der berühmtesten Brücken der Welt. Prachtvoll, repräsentativ, histo-

Historien-und Kulturtempel im Stil des Klassizismus: das Ungarische Nationalmuseum

risch bedeutsam – und mitten im Herzen der Metropole. Das Bauwerk aus dem 19. Jh. ist besonders im Dunkeln mit seiner herrlichen Beleuchtung ein Zuckerstück. Um die Brücke abends zu fotografieren, gehst du am besten auf den Burgberg von Buda oder auf die nächste Brücke, *Erzsébet híd*. b4

PARLAMENT (ORSZÁGHÁZ)

Dieser gewaltige Klotz direkt an der Donau wurde zum Budapester Motiv schlechthin. Von 1885 bis 1902 waren täglich rund 1000 Menschen mit dem Bau befasst. Er ist 268 m lang und bis zu 118 m breit. Architekt Imre Steindl schuf damit den Eklektizismus schlechthin. Das neue, schicke *Besucherzentrum* liegt am komplett renovierten Kossuth tér. *April–Okt. tgl. 8–18, sonst 8–16 Uhr | Führungen (deutsch) Mo–Fr 10, 13, 14 Uhr | Kossuth Lajos tér | parlament.hu | 2 Std. | b3*

STEPHANSBASILIKA (SZENT ISTVÁN BAZILIKA)

Die größte Kirche der Stadt mit 8500 Plätzen und 96 m hoher Kuppel ist ein 1851–1905 entstandener Neorenaissancebau. Natürlich solltest du dich nicht schonen, sondern auf jeden Fall die Treppen zur Kuppel hochhecheln! *Mo–Sa 9–19, So 7.45–19 Uhr | Kuppel Juli–Sept. tgl. 10–18.30, Okt.–Juni 10–16.30 Uhr | Szent István tér | bazilika.biz | 1–2 Std. | c4*

UNGARISCHES NATIONALMUSEUM (MAGYAR NEMZETI MÚZEUM)

Eine Perle des Klassizismus, eindrucksvoll auch von außen wegen der riesigen Freitreppe. Hauptausstellung: die Geschichte Ungarns. *Di–So 10–18 Uhr | Múzeum körút 14–16 | hnm.hu | 2–3 Std. | d5*

KUNSTGEWERBEMUSEUM (IPARMŰVESZETI MÚZEUM)

Das Gebäude ist ein Meisterwerk des Jugendstils. In der Ausstellung werden Möbel, Textilien, Keramiken, Glaskunst und anderes Kunsthandwerk gezeigt. *Di–So 10–18 Uhr | Üllői út 33–37 | imm.hu | 1–2 Std. | d6*

ANDRÁSSY ÚT

Der Prachtboulevard öffnet sich am schönen Oktogon-Platz von 34 m auf 45 m Breite. Er wird auch „Champs-Elysées" von Budapest genannt, aber eigentlich haben die Hauptstädter solche Vergleiche nicht nötig. *c–e 2–4*

OPER (OPERAHÁZ)

Der Theatersaal des Prachtbaus (1875–84) besticht durch seine üppigen Vergoldungen, die prunkvollen Lüster und Wandmalereien – am besten natürlich bei einer Opernvorstellung zu sehen. Karten gibt es oft noch kurzfristig online, man kann sie auch an der Kasse ausdrucken lassen. *Führungen auf Deutsch tgl. 15 und 16 Uhr (operavisit.hu) | Andrássy út 22 | Tel. 1 3 32 79 14 | opera.hu | c–d4*

INSIDER-TIPP
Last-Minute-Eintritt übers www

HAUS DER UNGARISCHEN SEZESSION (MAGYAR SZECESSZIÓ HÁZA)

Das Bedő-Haus von 1903 ist samt Einrichtung ein Jugendstil-Gesamtkunstwerk und wurde zu einem wunderbaren privaten Museum. *Mo–Sa 10–17 Uhr | Honvéd utca 3 | magyarszecessziohaza.hu | 1 Std. | c3*

HELDENPLATZ (HŐSÖK TERE)

Heute ist der riesige Platz vor allem ein Traum für Skateboarder. Das *Milleniumsdenkmal* wurde aus Anlass des 1000. Jahrestags der Landnahme von 896 in Auftrag gegeben. Seine 21 Statuen erzählen die Geschichte einer stolzen Nation. *e2*

KUNSTHALLE (MŰCSARNOK) & MUSEUM DER BILDENDEN KÜNSTE (SZÉPMŰVESZETI MÚZEUM)

Die beiden klassizistischen Bauwerke am Heldenplatz wurden 1895 bzw. 1906 fertiggestellt. Die Kunsthalle zeigt Wechselausstellungen zur Gegenwartskunst. Das frisch renovierte Museum der Bildenden Künste beherbergt ständige Sammlungen (u. a. Antiken, Grafik), die bedeutendste ist die Galerie der Alten Meister. *Kunsthalle Di, Mi, Fr–So 10–18, Do 12–20 Uhr | Dózsa György út 37 | mucsarnok.hu. Kunstmuseum Di–So 10–18 Uhr | Dózsa György út 41 | szepmuveszeti.hu | 2–3 Std. | e2*

STADTWÄLDCHEN (VÁROSLIGET)

Im großen Stadtpark gibt es vor allem das um 1900 entstandene *Schlösschen* zu sehen – für die einen Kitsch, für die anderen ein eklektizistischer Märchenbau. Du kannst hier sogar ein Bötchen mieten und ein wenig umherpaddeln mit Blick aufs Schloss. Außerdem: der *Zoologische Garten*

(Mai–Aug. Mo–Do 9–18.30, Fr–So 9–19 Uhr, sonst kürzer | zoobudapest.com) mit kleinem Abenteuerpark für Kinder. *🕮 f2–3*

MARGARETENINSEL (MARGITSZIGET)

Die 2,5 km lange und 500 m breite Donauinsel ist ein Erholungs- und Erlebnispark mit Hotels, Open-Air-Bühne, Hallen- und Freibad, Biergärten, japanischem Garten und einer Klosterruine. Ideal für einen ausgiebigen Spaziergang und eine Pause im Grünen oder für eine Joggingrunde auf der idyllischen Laufbahn rund um die Insel. Jeden Sommer wird das Eiland Schauplatz einer der größten europäischen Musikpartys, des *Sziget Festivals*. *🕮 b1–2*

TROPICARIUM

Der Mittelpunkt der Anlage mit 1,6 Mio. l Meerwasser ist das Haifischbecken. Drum herum liegt ein exotisches Tierreich mit Alligatoren, Leguanen und Krallenäffchen im Regenwald. *Tgl. 10–20 Uhr | Nagytétényi út 37–45 | im Einkaufszentrum Campona | tropicarium.hu | 2–3 Std. | 🕮 0*

ESSEN & TRINKEN

KAFFEEHÄUSER & CAFÉS

Neben den traditionellen Kaffeehäusern wie *Gerbeaud (Vörösmarty tér 7 | gerbeaud.hu | 🕮 c5)*, *Centrál Kávéház (Károlyi Mihály utca 9 | centralkavehaz.hu | 🕮 c5)* und *New York (Erzsébet körút 9–11 | newyorkcafe.hu | 🕮 d4)* tragen die modernen Cafés viel zum Hauptstadtambiente bei. Die besten Cafégegenden sind der *Liszt Ferenc tér (🕮 d4)* und die *Ráday utca (🕮 d6)*.

SZIMPLA KERT

Imbissbuden sind inzwischen auch in Budapest schwer angesagt – unter dem Namen Streetfood. Die *Kazinczy utca* im alten jüdischen Viertel mit dem Innenhof *Szimpla Kert (Nr. 14 | szimpla.hu)* ist seit Neuestem die angesagteste Straße der Hauptstadt mit alternativem Flair, Kneipen und Livemusik. Und ebenjenen Imbissbuden, die auch viele typisch ungarische Leckereien anbieten: von *lángos* bis zu Koteletts vom Mangaliza-Schwein, alles direkt auf die Hand. *🕮 d4*

BAGOLYVÁR

Gute ungarische Hausmannskost, gleich neben dem teureren Stammhaus der Gastronomendynastie *Gundel (gundel.hu)*. Zum Dessert gibt's natürlich echte Gundel-Palatschinken. *Gundel Károly út 4 | Tel. 1 4 68 31 10 | bagolyvar.com | €€ | 🕮 e2*

PAPRIKA VENDÉGLŐ

Etwas ab vom touristischen Schuss, aber wirklich rundum super: klassisches ungarisches Restaurant nahe dem Heldenplatz. Große Portionen, gemütliche Atmosphäre. *Dózsa György út 72 | Tel. 20 2 94 79 44 | paprikavendeglo.hu | €€ | 🕮 f3*

SHOPPEN

Die Bummelmeile *Váci utca (🕮 c5–6)* ist komplett als Fußgängerzone angelegt. Ursprünglicher als der obere Abschnitt ist der Teil zwischen Szabad

Im pompösen Café New York werden Kaffee, Kuchen und Palatschinken zur Nebensache

sajtó út und Fővám tér. Rund um den *Móricz Zsigmond körtér* (*▥ 0*) (nahe dem Gellért-Bad) haben sich einige kleine Läden alten Stils erhalten – von Klamotten über Hüte und Schuhe bis zu Friseuren, bei denen garantiert noch kein Tourist seine Haare schneiden ließ.

ZENTRALE MARKTHALLE (NAGYVÁSÁRCSARNOK)

Klingt nicht gerade sexy, ist aber immer noch der originellste Ort, um in Budapest einen Einkaufsbummel zu machen. Unter dem großen Gewölbe der historischen Halle, ganz am Ende der Fußgängerzone Váci utca, gibt's Obst, Gemüse, Fisch, Fleisch, Souvenirs, Kleidung und eine ganze Reihe Imbisse. *Mo 6–17, Di–Fr 6–18, Sa 6–15 Uhr | Vámház körút 1–3 | piaconline.hu | ▥ c–d6*

SPORT & SPASS

SCHIFFSFAHRT INS DONAUKNIE

Vom Donauufer – ab Vigadó tér (*▥ c5*) und Batthyány tér (*▥ b3*) – fahren Schiffe regelmäßig ins schöne Künstlerstädtchen Szentendre. Start ist täglich um 10 Uhr, die malerische Fahrt dauert 90 Minuten. Zurück geht es in nur einer Stunde aus Szentendre um 17 Uhr. *mahartpassnave.hu*

RUDAS-BAD (RUDAS GYÓGYFÜRDŐ)

Schlappe 450 Jahre gibt es das gute Stück schon, hingekauert unter dem Gellért-Berg und fast direkt am Donau-Ufer. Doch erst das Upgrade der letzten Jahre macht es zum absoluten Muss: Denn das „Rudas" hat alles, was ein Thermalbad so haben sollte, plus einen richtig schnieken Pool auf dem

Dach. Während das warme Wasser dich einlullt, schaust du auf den Fluss und auf Buda. Noch großartiger: freitags und samstags wird die Nacht durchgebadet bis 4 Uhr morgens! | *Tgl. 6–22 Uhr | Ganztagesticket Mo–Fr 5200 Ft., Sa/So 6500 Ft. | Döbrentei tér 9 | de.rudasfurdo.hu | ◫ b6*

INSIDER-TIPP
Thermalnacht über der Stadt

AUSGEHEN & FEIERN

Nachtschwärmer können in der Gegend am *Oktogon-Platz (◫ d3)* rund um die Uhr essen, trinken und sogar einkaufen. Im *Cotton Club (Jókai utca 26 | Tel. 1 3540886)* fühlst du dich stilvoll zurückversetzt in das Amerika der Goldenen Zwanziger. Ein toller Szenetreff an der Donau ist das Clubschiff *A38 (an der Petőfibrücke | a38.hu | ◫ 0)* mit Restaurant, Bars und Konzerten.

RUND UM BUDAPEST

1 SCHLOSS GÖDÖLLŐ (KIRÁLYI KASTÉLY) ★

32 km/45 Min. per Auto ab Budapest

Schloss Gödöllő, die größte barocke Anlage Ungarns, war das Lieblingsschloss der österreichischen Kaiserin und ungarischen Königin Elisabeth (Sisi). Es wurde im 18. Jh. erbaut und 1867 dem Herrscherpaar Franz Joseph I. und Sisi überlassen. Der Innenhof und die Prunksäle sind auch ein erlesener Rahmen für Schlosskonzerte. Ganz in der Nähe von Gödöllő liegt die Formel-1-Strecke *Hungaroring (hungaroring.hu)*, wo du an Tagen der offenen Tür auch selbst ein paar Runden drehen kannst. *April–Okt. tgl. 10–18, sonst bis 16 Uhr | kiralyikastely.hu | ⏲ 2 Std. | ◫ H5*

INSIDER-TIPP
Vollgas geben: Formel-1-Feeling

2 HOLLÓKŐ

95 km/80 Min. per Auto ab Budapest

Eine schöne Anfahrt durch bergige Landschaften führt in das einmalige, ursprünglich gebliebene und autofreie Palozendorf (330 Ew.). Ein erster Anziehungspunkt ist die *Burgruine* mit Blick über die Cserhát-Hügel. Besonders schön auch die kleine *Kirche,* das *Museum* und das *Weberhaus.* Außerhalb der Hochsaison geht es sehr ruhig zu. *April–Okt. | holloko.hu | ⏲ 2 Std. | ◫ J4*

SZENTENDRE

(◫ H5) **Die Altstadt von Szentendre (26500 Ew.) ist bildhübsch. Der leicht hügelige Charakter und die gewundenen Gässchen voller Geschäfte, Restaurants und Cafés verleihen der Kleinstadt an der Donau einen unvergleichlichen Charme.**

Der ★ *Fő tér* liegt unweit der Donaupromenade *(Dunakorzó)* und ist das Herz der Stadt. Hier steht auch das schmiedeeiserne *Pestkreuz* von 1752. Gegründet wurde Szentendre im

11. Jh. als Sanctus Andreas. Goldene Jahre als Handelszentrum erlebte die Stadt Ende des 17. Jhs. durch serbische Kaufleute und Handwerker, die hierher geflüchtet waren. Für eine neue Blüte sorgte die Ende der 1920er-Jahre gegründete Künstlerkolonie. Von ihrem Schaffen zeugen zahlreiche Künstlermuseen. Die meisten Museen sind von Ende Oktober bis Ende März geschlossen, während der Saison sind sie meist Di–So 10–18 Uhr geöffnet.

SIGHTSEEING

BÉLA-CZÓBEL-MUSEUM (CSÓBEL BÉLA MÚZEUM)

Arbeiten des postimpressionistischen Malers Béla Czóbel, der entscheidend dabei half, die ungarische Malerei ins 20. Jh. zu führen. Die Gemälde sehen teilweise aus wie eine Weiterentwicklung der Werke von Vincent van Gogh. *Templom tér 1* | *1 Std.*

MARIA-VERKÜNDIGUNG-KIRCHE (BLAGOVESTENSKA-KIRCHE)

Die spätbarocke orthodoxe Kirche besitzt eine blendend schöne Ikonenwand. Über dem Seitenportal ist Kaiser Konstantin mit seiner Mutter, der hl. Helena, zu sehen. Gegenüber führt eine Treppe zum Burghügel. *Fő tér*

MARGIT-KOVÁCS-MUSEUM (KOVÁCS MARGIT MÚZEUM)

Die Keramikkünstlerin und Bildhauerin Margit Kovács (1902–77) wirkte lange im Ausland und kam 1960 nach Szentendre. Das Museum zeigt einen umfassenden Überblick über ihr Werk. An den Feiertagen 15. März, 20. August und 23. Oktober ist der Eintritt kostenlos. *Tgl. 10–18 Uhr* | *Vastagh György utca 1* | *1,5 Std.*

Bildhübsch, beschaulich, autofrei: eine Gasse in der Altstadt von Szentendre

KÁROL-FERENC-MUSEUM (FERENCZY KÁROLY MÚZEUM)

Er war seiner Zeit voraus: Károl Ferenc (1862–1917) zählte zu den Kunstrebellen seiner Generation und zur ersten Garde der modernen ungarischen Malerei. *Kossuth Lajos utca 5* | *1 Std.*

FREILICHTMUSEUM (SKANZEN)

Gleich am Stadtrand sind hier auf einem großen Gelände Gebäude aus allen Landesteilen aufgebaut. Eine besondere Kostbarkeit ist die *griechisch-katholische Kirche aus Mándok* von 1670. Zu sehen ist auch eine Ausstellung zur Wohn- und Alltagskultur in Ungarn ab Mitte des 18. Jhs. *April–Okt. Di–So 9–17 Uhr* | *Sztaravodai út* | *3 km nordwestlich von Szentendre an der Straße nach Visegrád* | *skanzen.hu* | *2–3 Std.*

Weitblick aus der Burgruine von Visegrád

ESSEN & TRINKEN

ÁLOMLÁNGOS

Statt im Sommer auf freie Tische zu lauern und auf Bedienung zu warten, quetsch dich lieber die paar Stufen der schmalen Treppe vom Fő tér hinauf und genieß die besten *lángos* der Stadt bei Álomlángos. Ganz ratzfatz läuft es aber auch hier nicht immer: Die Einheimischen wissen, wo es schmeckt, und stehen mit in der Schlange. *Váralja lépcső* | *€*

INSIDER-TIPP
Hier geht´s lángos!

MŰVÉSZ ÉTTEREM ÉS BISZTRÓ

„Künstlergarten" nennt sich dieses sympathische Restaurant mit mediterraner Küche und einem hübschen Hof. *Dumtsa Jenő utca 7* | *Tel. 26 3 11 484* | *muveszetterem.hu* | *€–€€*

PROMENADE

An der Donau gelegenes, schön restauriertes Haus aus dem 18. Jh., mit bestem Ausblick von der großen Terrasse. Küche und Service liegen deutlich über dem normalen Niveau. *Futó utca 4* | *Tel. 26 31 26 26* | *promenade-szentendre.hu* | *€€*

SHOPPEN

Folk-Art-Geschäfte finden sich vor allem in den Gassen beim Fő tér. Stöber ein bisschen herum, denn es gibt hier eine ganze Menge Boutiquen und Antiquitätengeschäfte.

VISEGRÁD

(□ H5) **Visegrád (1800 Ew.) liegt wie gemalt auf halber Strecke zwischen Szentendre und Esztergom. Die teils steil aufragenden Hügel scheinen geradewegs aus dem Donauufer gen Himmel zu wachsen.**
Wer die schöne Lage des Orts bei einer ersten „Umrundung" mit dem Auto erleben möchte, fährt gleich an der Fährstation auf die Panoramastraße, die hügelaufwärts und dann nach links bzw. oberhalb des Salomon-Turms wieder zur Donau führt.

SIGHTSEEING

KÖNIG-MATTHIAS-PALAST (MÁTYÁS KIRÁLYI PALOTA) ★

Welch prächtiges Ensemble sich der kunstsinnige König im 15. Jh. gönnte, ist auch nach den Ausgrabungs- und Restaurierungsarbeiten nur zu erahnen: Matthias' Hof war der zu seiner Zeit prunkvollste in Europa, mit rund 350 Räumen und hängenden Gärten. Rote Marmorbrunnen, marmorne Deckenfunde und Fußböden aus kunstvoll bemalter Majolika vermitteln einen Eindruck von der erlesenen Ausstattung. Wegen seiner vier Terrassen wird der Palast auch Terrassenpalast genannt. *Palast/Museum: Di–So 9–17 Uhr | Fő utca 23 | ⏲ 1 Std.*

OBERE BURG (FELLEGVÁR) ★

Die Ruinen zeigen noch den ungleichmäßigen Grundriss der Anlage, der verhindern sollte, dass Feinde den gesamten Komplex erstürmen konnten. Die 1242 von König Béla IV. errichtete Burg wurde 1702 durch Kriegshandlungen zerstört. Am Salomon-Turm vorbei führen schöne Wanderwege durch den Wald hinauf. Aber man kann die Burg auch per Auto erreichen. Von oben bieten sich tolle Blicke auf die Donau ganz weit unten. *Mai–Sept. tgl. 9–18, März/April, Okt.–Dez. kürzer | ⏲ 1–2 Std.*

INSIDER-TIPP
Waldwanderung zu Burgaussichten

ESSEN & TRINKEN

PATAK PARK HOTEL

In schöner Lage unter Bäumen am Bach, ungarische Küche (z. B. Wildgerichte und im Sommer kalte Obstsuppe). *Mátyás Király utca 92 | Tel. 26 39 74 86 | patakhotel-visegrad.hu | €€*

WINTERGARTEN-RESTAURANT HOTEL SILVANUS

Auf der Terrasse isst du hoch oben über der Donau. Zur guten Küche gibt es auch bei schlechterem Wetter beste Aussichten, denn die Frontseite ist komplett verglast. *Fekete-hégy | Tel. 26 39 83 11 | hotelsilvanus.hu | €€€*

RUND UM VISEGRÁD

3 VÁC

22 km/1 Std. ab Visegrád per Auto und Fähre
Zwischen Szentendre und Visegrád liegt am Donauufer die Barockstadt

Vác (33 000 Ew.). Mittelpunkt ist der dreieckige *Platz des 15. März (Március 15. tér)* mit dem *Dom (März–Nov. Mo–Sa 10–18, So 7.30–19 Uhr)* von 1763 (Kuppelfresken und Hauptaltarbild von Franz Anton Maulbertsch). Gegenüber liegt das *Erzbischöfliche Palais*. Der 15 m hohe *Triumphbogen* entstand anlässlich eines Besuchs der Kaiserin Maria Theresia 1764. In der Krypta der Dominikanerkirche wurde eine Grabstätte mit mumifizierten Leichen entdeckt, die Funde sind im *Memento Mori (März–Okt. Mi/Do 10–17, Fr–So 10–18 Uhr | Március 15. tér 19)* zu sehen. *tourinformvac.hu* | *H5*

ESZTERGOM

(G5) **Aus Richtung Visegrád bieten Donauschleife und Burgberg mit der Basilika einen großartigen Anblick.**

Die schönste Annäherung an Esztergom (28 000 Ew.): am Platz *Szent István tér* parken. Dort nicht die Treppe zur Basilika nehmen, sondern einige Schritte zurückgehen und der Straße nach oben folgen. Esztergom, einst Königspfalz und erzbischöfliche Residenz, ist im Bewusstsein der Ungarn die Wiege der Nation und war 250 Jahre lang Königsresidenz.

SIGHTSEEING

BASILIKA MARIÄ HIMMELFAHRT (FŐSZEKESEGYHÁZ) ★

Das klassizistische Gotteshaus (erbaut 1822–69) ist die größte Kirche in Ungarn, allein die 100 m hohe Mittelkuppel hat einen Durchmesser von 35 m. Zur Einweihung des Doms 1856 komponierte Franz Liszt die „Graner Festmesse". Die *Bakócz-Kapelle* im Inneren wurde 1506–11 von italienischen Meistern geschaffen. In der *Schatzkammer* sind Gewänder und liturgische Gegenstände seit der Karolingerzeit zu sehen. Geh unbedingt auf die Kuppel, aber halte Beruhigungstabletten bereit: Das Podest ist kaum breiter als ein Fuß. *Mai–Aug. tgl. 8–19 Uhr, sonst kürzer | Schatzkammer März–Dez. 9 Uhr bis 1 Std. vor Kirchenschließung | Kuppel April–Okt. bei gutem Wetter 9.30–17 Uhr | Szent István tér | bazilika-esztergom.hu | 1–2 Std.*

BURGANLAGE (VÁR)/ BURGMUSEUM (VÁRMÚZEUM)

Die Museumsanlage neben dem Dom umfasst eine restaurierte Burg und den einstigen *Königspalast (Királyi palota)*. Das Areal ging im Mittelalter in den Besitz der Kirche über, deren oberste Repräsentanten ebenso luxuriös residierten wie die weltlichen Herrscher. Die einstigen Empfangsräume des Erzbischofs zieren prächtige Wandgemälde der Frührenaissance, darunter ein Fresko von Sandro Botticelli (1444–1510). *April–Okt. Di–So 10–18, Nov.–März 10–16 Uhr | Szent István tér 1 | mnmvarmuzeuma.hu | 1 Std.*

CHRISTLICHES MUSEUM (KERESZTÉNY MÚZEUM)

Hervorragende Sammlung im einstigen Palais des Primas von Ungarn (u. a. mittelalterliche Tafelbildmalerei,

Flussidylle: Verträumte Anlegestege wie diesen gibt es am Donauknie so einige

Bildhauerei, Werke italienischer Meister und Gobelins). *März–Nov. Mi/Do 10–17 Uhr | Mindszenty tér | kereszteny muzeum.hu | 1–2 Std.*

WASSERSTADT (VÍZIVÁROS)

Kommt man von der Burg, erreicht man durch die alten Tortürme die Wasserstadt. Sie war früher mal das Zentrum der Geistlichkeit, heute ist sie perfekt für einen kleinen Spaziergang.

DONAUMUSEUM (DUNA MÚZEUM)

Wie werden Flüsse beherrscht und reguliert? In diesem Museum in einem denkmalgeschützten Gebäude aus dem 18. Jh. können Kinder und Erwachsene sich mal so richtig austoben und per Knopfdruck raffinierte technische Modelle selbst bedienen. *Mai–Okt. Mi–Mo 9–17, Nov.–April 10–16 Uhr | Kölcsey Ferenc utca 2 | 2 Std.*

INSIDER-TIPP
Lass deinem Spieltrieb freien Lauf!

SZÉCHENYI TÉR

Bürgerstadt aus dem 18./19. Jh. Das *Haus Nr. 25* war 200 Jahre lang eine Apotheke. Ein architektonisches Highlight ist das *Rathaus* von 1773.

ESSEN & TRINKEN

CSÜLÖK CSÁRDA

Traditionelle ungarische Csárda mit deftigen und durchaus günstigen Speisen. *Batthyány Lajos utca 9 | Tel. 33 41 24 20 | csulokcsarda.hu | €–€€*

PRÍMÁS PINCE

In einem beeindruckenden historischen Kellergewölbe wird traditionelle ungarische Küche serviert. *Szent István tér 4 | Tel. 33 54 19 65 | primas pince.hu | €€*

GROSSE TIEFEBENE

SO SCHÖN LEER

Die Puszta! Für Besucher ist sie die typischste aller typischen ungarischen Landschaften und ein romantischer Mythos. Für staubige Prärie und weite Steppe musst du einfach nur ins ungarische Outback reisen: Hier findest du sie in Reinformat, wenn auch in Kleinform.

Auch die typischen, einsam stehenden Puszta-Einzelhöfe *(tanya)* gibt´s noch sehr zahlreich. Auf Ungarisch heißt dieses Land östlich der Donau *alföld.* Angefangen hat alles mit den Mongolen, die im

Ein Brunnen im weiten Land des Hortobágy-Nationalparks

13. Jh. angestürmt kamen. Später herrschten die Osmanen 150 Jahre lang. Das Ergebnis: Die Menschen flüchteten in befestigte Marktflecken, und das Land verdorrte zur trostlosen Steppe, in der Wanderhirten ein ärmliches Dasein fristeten. Im Hortobágy-Nationalpark ist die ursprüngliche Puszta-Natur bis heute fast unangetastet geblieben.

GROSSE TIEFEBENE

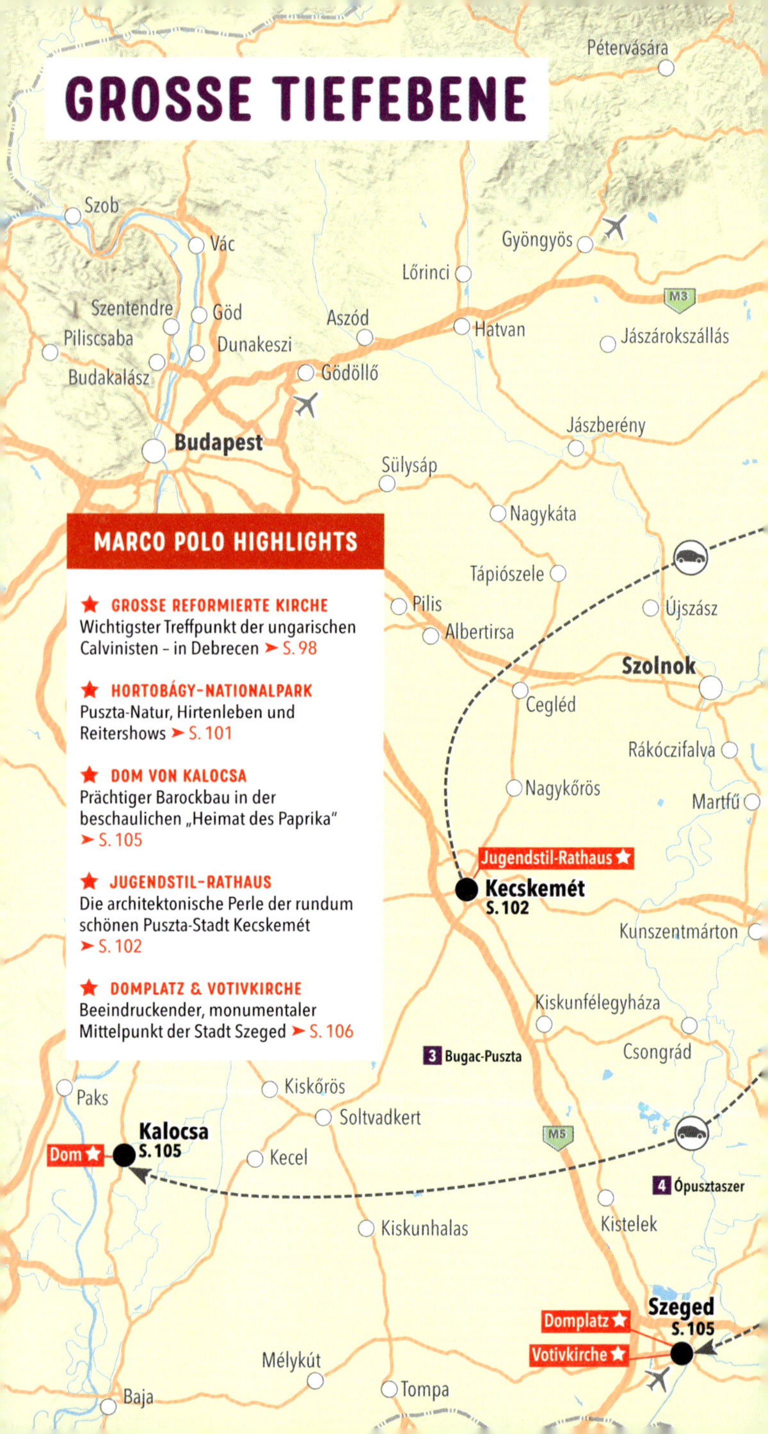

MARCO POLO HIGHLIGHTS

★ **GROSSE REFORMIERTE KIRCHE**
Wichtigster Treffpunkt der ungarischen Calvinisten – in Debrecen ➤ S. 98

★ **HORTOBÁGY-NATIONALPARK**
Puszta-Natur, Hirtenleben und Reitershows ➤ S. 101

★ **DOM VON KALOCSA**
Prächtiger Barockbau in der beschaulichen „Heimat des Paprika“ ➤ S. 105

★ **JUGENDSTIL-RATHAUS**
Die architektonische Perle der rundum schönen Puszta-Stadt Kecskemét ➤ S. 102

★ **DOMPLATZ & VOTIVKIRCHE**
Beeindruckender, monumentaler Mittelpunkt der Stadt Szeged ➤ S. 106

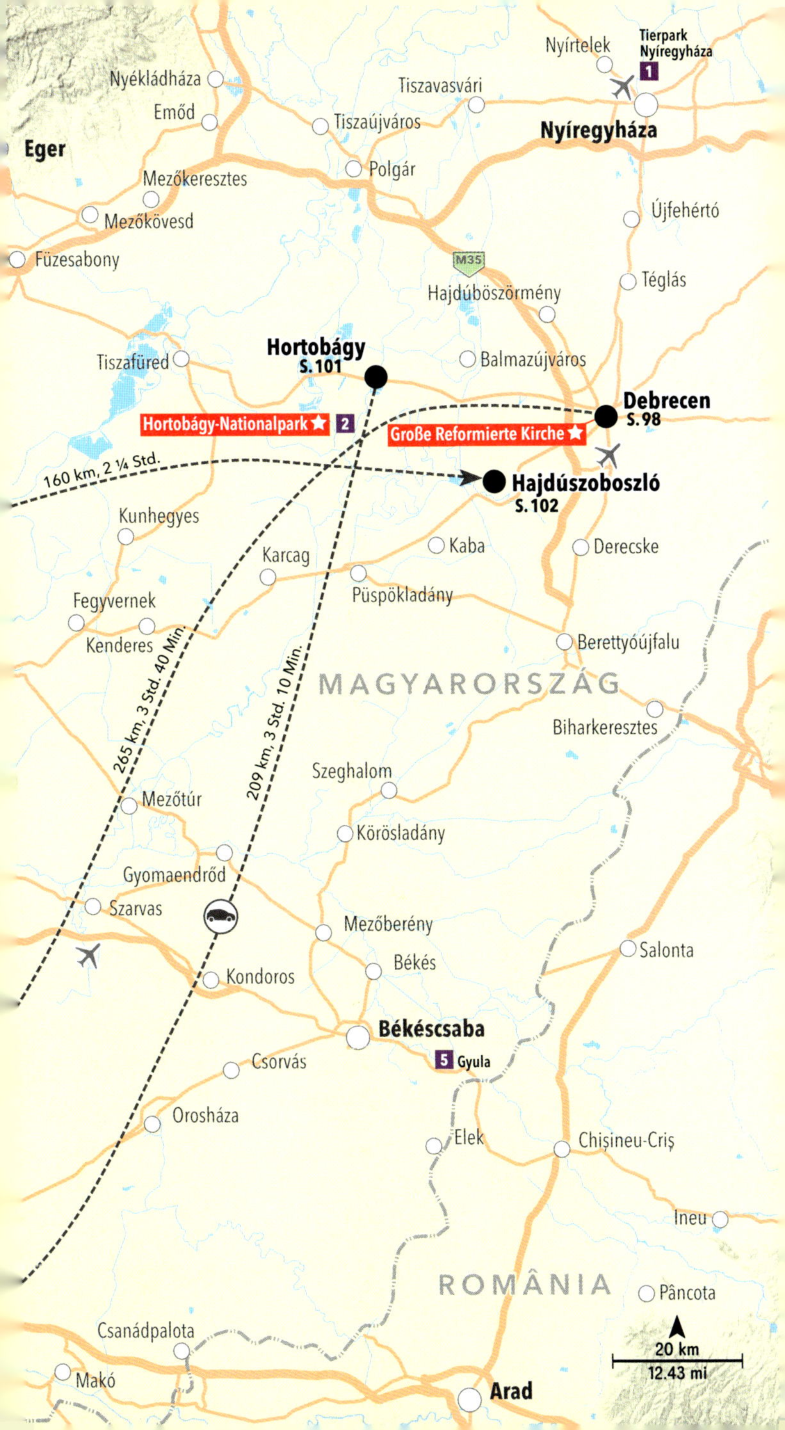

Tierpark Nyíregyháza
1
Nyírtelek
Nyíregyháza
Tiszavasvári
Nyékládháza
Emőd
Tiszaújváros
Eger
Polgár
Mezőkeresztes
Mezőkövesd
Újfehértó
Füzesabony
M35
Téglás
Hajdúböszörmény
Hortobágy
S. 101
Tiszafüred
Balmazújváros
Debrecen
S. 98
Hortobágy-Nationalpark
2
Große Reformierte Kirche
160 km, 2 ¼ Std.
Hajdúszoboszló
S. 102
Kunhegyes
Kaba
Derecske
Karcag
Püspökladány
Fegyvernek
Kenderes
Berettyóújfalu
265 km, 3 Std. 40 Min.
209 km, 3 Std. 10 Min.
MAGYARORSZÁG
Biharkeresztes
Szeghalom
Mezőtúr
Körösladány
Gyomaendrőd
Szarvas
Mezőberény
Salonta
Békés
Kondoros
Békéscsaba
5
Gyula
Csorvás
Orosháza
Elek
Chișineu-Criș
Ineu
ROMÂNIA
Pâncota
20 km
12.43 mi
Csanádpalota
Makó
Arad

DEBRECEN

(🕮 N-O5) **Ungarns zweitgrößte Stadt (201 000 Ew.) ist das wirtschaftliche und kulturelle Zentrum der Tiefebene.**

Rund 50 000 Studenten büffeln hier für ihre Examen und verleihen Debrecen trotz seiner ziemlich abseitigen Lage einen offenen, modernen Charakter. Zweimal war man sogar provisorische Hauptstadt: 1848/49 während des Freiheitskampfs und im Zweiten Weltkrieg als Tagungsort der provisorischen Nationalversammlung. Wes Geistes Kind Debrecen ist, bezeugt die monumentale Reformierte Kirche am Kálvin tér. Und noch etwas zeichnet Debrecen schon auf den ersten Blick aus: Die Stadt bekannte sich 1540 zur Lehre des Reformators Calvin, was man bis heute an der riesigen, die ganze Innenstadt dominierenden reformierten Kirche erkennen kann.

Das Kur- und Erholungsviertel der Stadt ist der *Große Wald (Nagyerdő)*, in dem auch die Universität liegt.

WOHIN ZUERST?

Jeder Spaziergang sollte an der Großen Reformierten Kirche am **Kálvin tér** beginnen. Die **Piac utca** als zentrale Achse der Stadt vereinigt die wichtigsten Sehenswürdigkeiten, Cafés und Lokale, die entweder direkt an der Flaniermeile oder in ihrer Nähe liegen. In den Nebenstraßen gibt es meist auch genug Parkmöglichkeiten.

SIGHTSEEING

GROSSE REFORMIERTE KIRCHE (REFORMÁTUS NAGYTEMPLOM) ★

Eindeutig das wichtigste Bauwerk der Stadt: Die von 1807 bis 1819 errichtete Kirche mit ihren 61 m hohen Türmen steht auch für eine große Stunde Ungarns: Hier entthronte der Reichstag am 14. April 1849 die Habsburger und setzte den Freiheitshelden Lajos Kossuth als Staatsoberhaupt ein. Kossuths Lehnstuhl wird noch immer wie eine Reliquie verehrt. Von innen ist die weiße Kirche recht schlicht – aber auch das macht ja einen gewissen Reiz aus. *Mo–Fr 9–18, Sa 9–13, So 12–16 Uhr | Kálvin tér | nagytemplom.hu*

DÉRI-MUSEUM (DÉRI MÚZEUM)

Die Antike ruft: Das Museum in einem Neoempire-Palais von 1926 geht auf die Sammlung griechischer, römischer, ägyptischer und asiatischer Kunst des Wiener Fabrikanten Frigyes Déri zurück. Ausgestellt sind auch Werke des ungarischen Malers Mihály Munkácsy (19. Jh.). Im nahen *Kultur- und Kongresszentrum Kölcsey Központ (Hunyadi utca 1–3)* bringt dich ein Panoramafahrstuhl zum Dachgartencafé mit bestem Ausblick über Debrecen. *Museum April–Okt. Di–So 10–18, Nov.–März 10–16 Uhr | Déri tér 1 | derimuzeum.hu | ⏲ 2 Std.*

INSIDER-TIPP **Aufzug to heaven**

REFORMIERTES KOLLEGIUM (REFORMÁTUS KOLLÉGIUM)

Eines der markanten klassizistischen Gebäude der Stadt. Die Bibliothek

Déri-Museum: monumentale Gemälde mit Szenen aus der Antike von Mihály Munkácsy

umfasst über eine halbe Million Bände, im Museum sind kostbare Abendmahlsgefäße zu sehen. *Mo–Sa 10–16 Uhr | Kálvin tér 16*

PIAC UTCA
An dieser zentralen Achse, die schnurstracks auf die große reformierte Kirche zuführt, liegen beeindruckende Bauten des 19./20. Jhs. wie das klassizistische *Rathaus (Nr. 20)* und das Jugendstilhotel *Aranybika (Nr. 11)*. Besonders schön sind hier aber die vielen Cafés und Restaurants und die Grünflächen.

CSOKONAI-THEATER (CSOKONAI SZÍNHÁZ)
Das glanzvoll renovierte Theater aus dem 19. Jh. ist nach dem Dichter Mihály Csokonai (1773–1805) benannt, dessen Denkmal am Kálvin tér zu sehen ist. *Kossuth Lajos utca 10 | csokonaiszinhaz.hur*

ESSEN & TRINKEN

AQUATICUM
In diesem klassizistischen Hotelgebäude in schöner Waldlage findest du gleich mehrere Restaurants: *Natura, Régi Vigadó* und *Mediterran*. Gute Küche, attraktiver Garten. *Nagyerdei park 1 | Tel. 52 51 41 11 | aquaticum.hu | €€*

LUCULLUS
Traditionelles ungarisches Restaurant mitten im Zentrum, Mo–Fr günstige Mittagsmenüs (schon für gut 1000 Ft.). *Piac utca 41 | Tel. 52 45 08 52 | €*

SZMÖRE BURGER
Es muss ja nicht immer ein tolles Restaurant sein. Die Burger hier sind wirklich groß und lecker. Es gibt auch ein paar andere Gerichte und Nachspeisen. *Bem tér 1 | Tel. 52 87 44 71 | szmoreburger.hu | €*

SPORT & SPASS

Im Großen Wald *(Nagyerdő)* liegen das *Thermalbad (tgl. 7–21 Uhr)* mit Kureinrichtungen und das *Mediterran-Erlebnisbad (Mo–Do 11–21, Fr–So 10–21 Uhr, im Sommer teils länger).*

SHOPPEN

ONE FASHION DEBRECEN
Statt langweiliger Souvenirs nimmst du lieber ein echtes Stück jungen, ungarischen Designs mit nach Hause? Dann in diesem kleinen Shop vorbeischauen. Klamotten und Handtaschen von zwölf einheimischen Modeschöpfern, dazu noch etwas Schmuck – das war´s auch schon. Flott, originell, handgemacht. Und: Vieles ist sogar bezahlbar.

INSIDER-TIPP
So viel Design muss sein

RUND UM DEBRECEN

1 TIERPARK NYÍREGYHÁZA (NYÍREGYHÁZA ÁLLATPARK)
57 km/1 Std. per Auto ab Debrecen
Zur weniger interessanten Stadt Nyíregyháza gehört der Kurort *Sóstófürdő*

Csikós, die traditionellen ungarischen Pferdehirten, sind in der Puszta noch zu Hause

mit Dorfmuseum und See (Strand, Bootstouren). Hauptattraktion ist der mit 35 ha größte Tierpark im Land, schön in einem Wald gelegen. Das Areal ist in „Kontinente" aufgeteilt und zeigt so ziemlich alle bekannten und weniger bekannten Tiere, nach Angaben des Zoos gut 3500 Arten. Toll für Kinder. *April–Aug. tgl. 9–19 Uhr, sonst kürzer | Sóstói út | sostozoo.hu | 🕮 O4*

HORTOBÁGY

(🕮 M5) **Hortobágy (1500 Ew.) liegt mitten in der Puszta und ist eigentlich auch der einzige richtige Ort in dieser Landschaft.**

Seine Bekanntheit verdankt er einer berühmten Brücke und einer ebenso berühmten Csárda. Der kleine Ort besteht aus Verkaufsständen und Restaurants, Parkplätzen und Museum sowie einigen Wohnstraßen bei der Brücke – direkt an der Durchfahrtsstraße. Der ihn umgebende Hortobágy-Nationalpark ist Teil der größten zusammenhängenden Grassteppe in Europa.

SIGHTSEEING

NEUNBOGENBRÜCKE (KILENCLYUKÚ HÍD)

Das Bauwerk von 1827 ist mit seinen 167 m die längste steinerne Brücke Ungarns. Sie verbindet die beiden Ufer des Hortobágy-Kanals miteinander und wurde kürzlich schön renoviert.

ESSEN & TRINKEN

HORTOBÁGYI CSÁRDA

Mit seinem Gedicht „Die Hortobágyer Wirtin" setzte Ungarns Nationaldichter Sándor Petőfi (1823–49) dem 1781 errichteten Gasthaus ein Denkmal. Auf der Speisekarte der Csárda stehen ausschließlich Biogerichte, z. B. vom Graurind, Büffel, Perlhuhn oder Mangalica-Schwein. Sehr touristisch, aber auch sehr gut. *Petőfi tér 1 | Tel. 52 58 91 44 | hortobagyicsarda.hu | €€*

RUND UM HORTOBÁGY

2 HORTOBÁGY-NATIONALPARK (HORTOBÁGY NEMZETI PARK) ★

38 km/40 Min. per Auto ab Debrecen bis Hortobágy

In diesem Nationalpark stehen 520 km² Naturlandschaft unter Schutz. In der Puszta zu Hause waren früher vor allem das ungarische Graurind mit den geschwungenen Hörnern und die Zackelschafe. Nahe dem Ort Hortobágy gibt es mehrere Erlebnisareale, so auch die „Nationale Tierschau" mit vielen alten Haustierrassen. Auf dem Geflügelhof kollern und gackern Kupfertruthähne und Perlhühner. Im Nordteil weidet die größte Graurinderherde des Parks. Besonders geschützte Landschaften wie die Sümpfe und Fischteiche können auf Lehrpfaden besichtigt werden. Infos, Karten und Tickets bei Tourinform in Hortobágy. *hnp.hu | 🕮 M–N 5–6*

HAJDÚ-SZOBOSZLÓ

(🕮 N6) **Die Silben „Hajdú" am Anfang eines Ortsnamens weisen auf den Landstrich Hajdúság hin, in dem die kriegerischen Hajduken (Heiducken) lebten.**
Sie führten, in Banden organisiert, noch bis ins 19. Jh. ein gesetzloses Leben. Hajdúszoboszló (24 000 Ew.) hat sich durch seine Thermalquelle und einen Aquapark zu einem Top-Kurort entwickelt.

SIGHTSEEING

ISTVÁN-BOCSKAI-MUSEUM (BOCSKAI ISTVÁN MÚZEUM)

Verschiedene Sammlungen, unter anderem zur Ortsgeschichte, dazu Gemälde, Grafiken und Volkskunst (in drei Häusern). Nett für ein Stündchen zwischendurch. *April–Okt. Di–So 10–18, Nov.–März 9–16 Uhr | Bocskai utca 12 | ⏲ 1 Std.*

ESSEN & TRINKEN

KEMENCÉS CSÁRDA

In der „Ofen-Csárda" gibt es zum Beispiel Fladenbrot, Ente oder gefülltes Kraut. *Daru zug 1a | Tel. 52 36 22 21 | kemencescsarda.com | €*

SPORT & SPASS

AQUAPARK & STRANDBAD

Zu der großen Anlage gehört neben dem Strandbad der tolle Aquapark mit Vierbahnrutsche, Kamikaze- und Hydrorutsche, Strömungen und Wasserfall. *Aquapark Juni–Aug. tgl. 10–18, Strandbad Mai–Sept. tgl. 9–18 Uhr | Szent István park utca 1–3 | Hajdúszoboszló | hungarospa.hu*

KECSKEMÉT

(🕮 J7–8) **Dem heiteren Charme der kleinen Großstadt Kecskemét (111 000 Ew.) kann sich niemand entziehen. Im autofreien Zentrum bieten sich aus jeder Perspektive zauberhafte Ausblicke.**
Kirchtürme, orientalisch anmutende Kuppeln, schöne Fassaden und dekorative Giebel: Die besten Architekten des Landes haben hier ihre Spuren hinterlassen, darunter die Großmeister des Jugendstils.

SIGHTSEEING

GROSSE KIRCHE (NAGYTEMPLOM)

Die größte spätbarocke Kirche der Tiefebene. Das elegant aufstrebende katholische Gotteshaus, das 1774–1806 erbaut wurde, steht in der Nähe des Rathauses. Der 74 m hohe Kirchturm hält herrliche Ausblicke bereit – du musst nur hinaufklettern. *Mo–Fr 9–18, Sa 9–12, So 15–18 Uhr | Kossuth tér 2*

JUGENDSTIL-RATHAUS (VÁROSHÁZA) ★

Eine Perle des ungarischen Jugendstils mit 174 Räumen, glasierten Dachziegeln, der majolikaverzierten

Fassade, dem aufstrebenden Giebel (mit dem Stadtwappen, einem auf den Hinterbeinen stehenden Ziegenbock) und den Türmchen. Das Meisterwerk wurde 1893–97 von den Architekten Ödön Lechner und Gyula Pártos geschaffen. Dreimal am Tag – um 12, 18 und 20 Uhr – ertönt vom Rathausturm ein schönes Melodienmedley, es lohnt sich zu warten. *Kossuth tér 1*

CIFRA-PALAST (CIFRA PALOTA)

Der „Bunte Palast" von 1902 mit farbigen Dachziegeln und prachtvoller Majolika ist ein Meisterwerk der Sezession. Innen, in der *Kecskeméter Galerie (Kecskeméti Képtár | Di–So 10–17 Uhr)* mit ihrem renovierten Prunksaal, ist eine ständige Ausstellung ungarischer Malerei des 19. und 20. Jhs. zu sehen. *Rákóczi út 1 | ⏲ 1 Std.*

SYNAGOGE (ZSINAGÓGA)

Orientalisches Flair strahlt die Synagoge aus, die allerdings heute nicht mehr als Tempel dient, sondern als *Haus der Wissenschaft und Technik (Tudomány és Technika Háza)*. Das Gebäude wurde 1856–71 im maurisch-romanischen Stil errichtet. *Mo–Fr 9–18 Uhr | Rákóczi út 2*

JÓZSEF-KATONA-THEATER (KATONA JÓZSEF SZÍNHÁZ)

Das prächtige neobarocke Theater entstand nach den Plänen der Wiener Architekten Hermann Hellmer und Jakob Fellner. Vor dem Gebäude steht eine figurenreiche Dreifaltigkeitssäule von 1742 zur Erinnerung an die Pest. *Katona tér 5 | kecskemetikatona.hu*

Die alte Synagoge von Kecskemét ist heute das „Haus der Wissenschaft"

MUSEUM DER NAIVEN KÜNSTLER (MAGYAR NAÍV MÜVÉSZEK MÚZEUM)

Naive Kunst trifft Volkskunst: In diesem 200 Jahre alten Haus erhältst du einen schönen Überblick über diese Stilrichtungen. *15. März–Ende Okt. Di–Sa 10–16 Uhr | Gáspár András körút 11 | ⏲ 1–2 Std.*

ESSEN & TRINKEN

KECSKEMÉTI CSÁRDA & BORHÁZ

Garten- und Weinrestaurant mit typisch ungarischer Küche. Geschmackvolles Landhausdesign, genau richtig für einen gemütlichen Boxenstopp zum Mittag- oder Abendessen. *Kölcsey utca 7 | Tel. 76 48 86 86 | kecskemeticsarda.hu | €€*

Blumenbunte Wände und Kamin im Paprikamuseum der „Paprikametropole" Kalocsa

ROZMARING ÉTTEREM & BISZTRÓ
Bistro und Restaurant mit leichter, gesundheitsbewusster Küche, die überwiegend auf regionale Bioprodukte im Sinne der Slow-Food-Bewegung zurückgreift. *Mária utca 1 | Tel. 76 50 91 75 | rozmaringbisztro.hu | €*

INSIDER-TIPP
Ganz langsam satt werden

RUND UM KECSKEMÉT

3 BUGAC-PUSZTA

36 km/40 Min. per Auto ab Kecskemét
Die 110 km² große Bugac-Puszta ist der meistbesuchte Teil des 480 km² großen Nationalparks Kiskunság (*Kiskunság Nemzeti Park,* Kleinkumanien). Sanddünen, Wacholder, Weideland und Erlenwald verleihen dieser Landschaft einen einzigartigen Reiz. In die Puszta gelangt man nur zu Fuß (Rundwanderweg), zu Pferd (Reitwege) oder mit einer der Pferdekutschen, die am Eingang warten. Ein kleines *Hirtenmuseum (Pásztormúzeum)* in einem Rundbau informiert über das Leben der Puszta-Bewohner. Gegenüber finden Vorführungen mit tollkühnen Reitern statt *(April–Sept., meistens mittags, Juli/Aug. mehrere Shows | Buchung am Eingang zum Nationalpark). bugacpuszta.hu | ◫ J8*

INSIDER-TIPP
Puszta-Cowboys

KALOCSA

(◫ G9) **Die ruhige, beschauliche Kleinstadt Kalocsa (15 500 Ew.)**

glänzt am Domplatz mit barocker Pracht.

Das Erzbistum, im Jahr 1008 von König Stephan gegründet, war nach Esztergom der zweitwichtigste Bischofssitz. Berühmt ist Kalocsa außerdem für seine Paprikafelder und die farbenfrohe Volkskunst. So ist auch der Bahnhof von 1882 wunderbar bemalt.

SIGHTSEEING

DOM (FŐSZEKESEGYHÁZ) ★

Der mittelalterliche Dom wurde während der Religionskriege zerstört, die barocke Erzbistumskirche entstand 1735–54. Das Innere schmücken feine Stuckaturen und Barockaltäre. *April–Okt. Di–So 9–17 Uhr | Szentháromság tér*

PAPRIKAMUSEUM (PAPRIKA MÚZEUM)

Die Geschichte der Paprika in der Region (Kalocsa gilt als Paprikametropole) und ihre Anwendung im Speiseplan der Menschen werden Ihnen hier durchaus charmant vor Augen geführt. Im kleinen Lädchen deckt man sich dann mit Paprikasäckchen, Pasten und Ähnlichem für zu Hause ein. *April–Okt. Di–So 9–17 Uhr | Szentháromság tér 2–3 | ⏲ 1 Std.*

INSIDER-TIPP
An der Paprikaquelle

ESSEN & TRINKEN

CLUB HOTEL 502

Einfaches Hotelrestaurant mit Fast-Food-Dauerbrennern wie Pizza, Pasta und Burgern, aber auch ungarischen Klassikern wie Gulaschsuppe und *palacsinta* (Palatschinken). *Szent István király út 64 | Tel. 78 56 28 04 | club502.hu | €*

SHOPPEN

HAUS DER VOLKSKUNST (NÉPMŰVÉSZETI HÁZ)

In einem restaurierten Bauernhaus werden die berühmten bunten Kalocsa-Stickereien und andere ortstypische Volkskunst gezeigt. Hier können auch Souvenirjäger zuschlagen! *Mai–Sept. Di–So 10–17, Mitte-Ende April, Okt. 10–16 Uhr | Tompa Mihály utca 5–7*

SZEGED

(📖 K10) **Steht man auf dem Domplatz vor der großartigen Votivkirche, ist es kaum zu glauben, dass die Universitätsstadt Szeged (161 000 Ew.) ihr heutiges Gesicht einer Katastrophe verdankt: der großen Flut von 1789.**

In den Wassermassen der Flüsse Maros und Theiß (Tisza) versanken damals Tausende von Häusern. Innerhalb von nur zehn Jahren entstand auf dem Reißbrett das neue Szeged mit großzügigen Straßen, Monumenten, Plätzen und Grünanlagen. Die Frei- und Thermalbäder von Szeged liegen am Theißufer gegenüber der Innenstadt. Übrigens: Szeged ist Ungarns Stadt mit den meisten Sonnenstunden im Jahr (ca. 2000).

SIGHTSEEING

DOMPLATZ (DOM TÉR) & VOTIVKIRCHE (FOGADALMI TEMPLOM) ★

Ein Gebäude der Superlative: Die 1913–30 erbaute neoromanische *Votivkirche (Mo–Sa 6.30–19, So 7.30–19 Uhr)* am Domplatz ist das Wahrzeichen der Stadt. Ihre Ausmaße: 81 m lang, 51 m breit, zwei 91 m hohe Türme und dazwischen die 54 m hohe Kuppel im byzantinischen Stil. Die Orgel ist mit fünf Manualen und 10 000 Pfeifen eine der größten in Europa. Gegenüber der Kirche liegt die *Nationale Gedenkhalle* mit den Statuen der 100 bedeutendsten Persönlichkeiten des Landes.

RATHAUS (VÁROSHÁZA)

Das Rathaus liegt am großen, zentralen Széchenyi-Platz. Der neobarocke Bau von 1883 mit dem markanten Mittelturm steht der Prachtarchitektur von Schlössern nicht nach. *Széchenyi tér*

PICK-MUSEUM (PICK SZALÁMI ÉS SZEGEDI PAPRIKA MÚZEUM)

Eine interessante Ausstellung für Fans dieser beiden legendären ungarischen Spezialitäten. Wenn du dich für ungarische Salami begeistern kannst, dann wirst du hier fündig und glücklich. Mit Verkauf direkt aus dem Firmengeschäft (der Laden ist auch ohne Museumsbesuch zugänglich). *Di–Sa 15–18 Uhr | Felső Tisza-part 10 | pickmuzeum.hu | ⏲ 1 Std.*

INSIDER-TIPP
Salami – frisch aus dem Museum

NEUE SYNAGOGE (ÚJ ZSINAGÓGA)

So etwas bekommt man nicht alle Tage zu sehen! Das jüdische Gotteshaus (erbaut 1900–03) ist ein maurisch geprägtes Jugendstiljuwel. Den prachtvollen Innenraum schließt eine Glaskuppel ab, die das Himmelsgewölbe symbolisiert. *April–Sept. Mo–Fr, So 10–12 und 13–17, Okt.–März Mo–Fr, So 9–14 Uhr | Hajnóczy utca | zsinagoga.szeged.hu*

ESSEN & TRINKEN

BISTORANT

Gemütliches Restaurant mit Weinbar – dazu ziemlich günstige Preise für die großen Portionen. Viele kreative Speisen wie dunkle Biersuppe, Lachssalat mit Avocado und Sirloin-Steak mit Guinness-Marinade. Definitiv ein Tipp für abends wegen der reichhaltigen Weinauswahl. Auch leckere Cocktails werden hier gemixt. *Oroszlán utca 8 | Tel. 30 9 68 66 86 | bistorant.hu | €*

HALÁSZCSÁRDA

Feines Fischrestaurant am Roosevelt-Platz (im Sommer mit Gartenrestaurant). Eine Spezialität ist die Fischsuppe. *Roosevelt tér 14 | Tel. 62 55 59 80 | sotarto-halaszcsarda.hu | €€*

LOBBY CAFE & BISTRO

Nicht nur, aber auch leckeren Kuchen kannst du hier in aller Ruhe genießen. Wer vor dem Kaffeetrinken noch Hunger hat, bekommt auch einige Tellergerichte, Sandwiches usw. *Kárász utca 17 | Tel. 20 4 83 37 11 | lobbycafe.hu | €–€€|*

Prächtiger ornamentaler Jugendstil, arabisch beeinflusst: die Neue Synagoge in Szeged

RUND UM SZEGED

4 ÓPUSZTASZER

30 km/30 Min. per Auto ab Szeged

Wenn du richtig verstehen willst, welches Geschichtsverständnis Ungarn prägt, dann ist der 55 ha große *Nationale Historische Gedenkpark (Nemzeti Történeti Emlékpark) Ópusztaszer* genau die richtige Adresse. Im Freilichtmuseum sind auch originalgetreue Häuser wie ein Fischerhaus oder das Haus eines Zwiebelzüchters zu betrachten. Das Herz der Gedenkstätte ist die Rundhalle mit dem 120 m langen und 15 m hohen Panoramagemälde „Einzug der Magyaren" von Árpád Feszty, das 1892–94 entstand. *April–Okt. Di–So 10–18, Nov.–März 10–16 Uhr | Szoborkert 68 | opusztaszer.hu | 2 Std. | K9*

5 GYULA

117 km/1,5 Std. per Auto ab Szeged

Nur 5 km von der rumänischen Grenze entfernt liegt die Kurstadt Gyula (29 500 Ew.) mit der einzigen erhaltenen *Ziegelburg* Ungarns (mit Museum). Das *Thermal-Burgbad (Várkert utca 2 | varfurdo.hu)* im Schlosspark protzt mit Wellnesscenter, 480-m²-Erlebnisbecken und Freibad. Jeden Samstag im Angebot: Nachtwellness (20–24 Uhr)!

INSIDER-TIPP
Wellness by night

Die gotische Burg (15. Jh.) ist im Sommer Kulisse für Freilichtspiele. N8

NORDUNGARN

BERGE, WEINE, HÖHLEN

Zwischen dem nördlichen Rand der Großen Tiefebene und der Grenze zur Slowakei reihen sich Ungarns höchste Erhebungen Cserhát, Mátra, Bükk und Zemplén diagonal aneinander.
Wir reden hier natürlich nicht von Alpen- oder Himalaja-Niveau, sondern von maximal schlappen 1000 m. Schön ist vieles rund um die Mittelgebirge trotzdem. Die prächtige Stadt Eger ist ein absolutes Must-See Ungarns, die Baradla-Höhle ganz im Norden auf jeden Fall auch. Ganz nebenbei findest du hier einige der schönsten und be-

Eine der freskengeschmückten Kuppeln der Basilika in Eger

rühmtesten Weinregionen wie beispielsweise die rund um Tokaj. Es ist das Land der Palozen, einem kleinen Volk mit reichem Brauchtum. Wahrscheinlich sind es Nachfahren turkstämmiger Kumanen vom Kaspischen Meer, die im 12. und 13. Jh. nach Ungarn kamen. Über die Jahrhunderte lebten sie oft sehr abgeschieden. Besonders die bunten Trachten und die traditionelle Handwerkskunst kann man auch heute noch häufig antreffen, idealerweise auf Stadt- und Dorffesten.

NORDUNGARN
13 Baradla-Höhle
Aggtelek
Tornaľa
Rudabánya
Rimavská Sobota
54 km, 1 Std.
Putnok
Kazincbarcika
Ózd
Borsodnádasd
Lillafüred 11
10 Szalajka-Tal
Bélapátfalva
Pétervására
60 km, 1 Std. 20 Min.
Parád
Parádfürdő
5 Cifra-Stall
Bischofspalais
9 Noszvaj
Parádsasvár 4
Eger
S. 113
3 Kékestető
Mátra-Gebirge
S. 112
6 Egerszalók
2 Mátrafüred
7 Demjén
8 Mezőkövesd
1 Gyöngyös
Füzesabony
M3
10 km
6.21 mi
Heves
Tisza-tó

MARCO POLO HIGHLIGHTS

★ **BISCHOFSPALAIS**
Das architektonische Highlight des Burgbergs von Eger ➤ S. 114

★ **SZALAJKA-TAL**
Beliebtes Ausflugsziel mit Wasserfall, Schmalspurbahn und und Pferdezucht ➤ S. 118

★ **CIFRA-STALL**
Das Kutschenmuseum im Mátra-Gebirge ist so schön wie interessant ➤ S. 113

★ **BARADLA-HÖHLE**
Einzigartiges Naturwunder im Karstgebiet Aggtelek an der slowakischen Grenze ➤ S. 121

MÁTRA-GEBIRGE

(▯ K4-5) **Am nördlichen Rand der Großen Tiefebene beginnt der 50 km lange Höhenzug des Mátra-Gebirges.**

Die waldbedeckten Höhen mit ihren 400 km ausgeschilderten Wanderwegen, Skipisten und Thermalbädern sind ein ideales Ziel für Natur-, Sport- und „Kurlauber".

ZIELE IM MÁTRA-GEBIRGE

1 GYÖNGYÖS

Das „Tor zum Mátra" ist eine Industriestadt (29 500 Ew.) mit einem netten *Hauptplatz (Fő tér)*. Sehenswert sind die barocke *Bartholomäuskirche (Szent Bertalan templom)* am Fő tér, die *Franziskanerkirche (Ferences templom)* am Barátok tere, das *Grassalkovich-Haus (Fő tér 10)* mit seiner Neorokoko-Fassade und im *Orczy-Palais* das *Mátra-Museum (März–Okt. Di–So 9–17, Nov.–Feb. 10–14 Uhr | Kossuth utca 40 | matramuzeum.hu | 1 Std.)*, dessen „Star" ein Mammutskelett ist. Neben dem Museum fährt die kleine Schmalspurbahn nach Mátrafüred und Lajosháza ab. Gute ungarische Küche kommt im Gasthaus *Kékes (Fő tér 7 | Tel. 37 31 19 15 | kekesetterem.hu | €€)* auf den Tisch. *▯ K5*

2 MÁTRAFÜRED

Der kleine Ort (1000 Ew.) liegt auf 340 m Höhe und ist über die Straße 24 und per Schmalspurbahn (von Gyöngyös aus) zu erreichen. Im *Palozenmuseum (Palócbaba Múzeum | tgl. 9–16 Uhr | Pálosvörösmarti út 2 | palocbabak.hu)* könnt ihr unter anderem rund 30 Trachtenpuppen beschauen. Der idyllische *Sás-See (Sástó)* in 507 m Höhe (5 km nördlich) zeigt sich im Sommer von zwei Seiten: einer touristischen und einer ruhigen. Weg vom Trubel führt ein Spaziergang um den See. Am besten nimmst du den Abstecher zum 50 m hohen *Aussichtsturm*. Oder du saust abwärts auf den Stahlschienen der 930 m langen *Bobbahn* *(Mai–Aug. tgl. 9–19 Uhr, sonst kürzer | matrabob.hu)*. Für Wanderer gibt es von Mátrafüred aus schöne Wege zu Aussichtspunkten auf dem *Hanák* (584 m), dem *Muzsla* (484 m) und dem *Komáro* (379 m). *▯ K4*

INSIDER-TIPP
Downhill rasen per Bob

3 KÉKESTETŐ

Ungarns höchster Berg ist der Kékestető (1014 m). Er erhebt sich nahe dem in 715 m Höhe gelegenen Klimakurort Mátraháza (8 km nördlich von Mátrafüred). Wenn dir das noch nicht hoch genug ist: Am Kékestető stehen ein gut 20 m hoher Aussichtsturm von 1888 und ein 196 m hoher *Fernsehturm mit Café (Mo–Do, So 9–17, Fr/Sa 9–18 Uhr)*. *▯ K4*

4 PARÁDSASVÁR

Das Dorf in schöner Tallage, umgeben von den Mátra-Bergen, verdankt seine Bekanntheit den Glashütten der Gegend und dem Thermalwasser. Eine feine Urlaubsoase (Wellness, Reiten, Angeln) ist das 1827 erbaute *Schloss-*

Kleine weiße Blütenköpfe: Diese hübsche Mieren-Art kommt nur im Mátra-Gebirge vor

hotel Sasvár (Kossuth út 1 | Tel. 36 44 44 44 | khs.hu), auf dessen Gelände auch Nicht-Übernachtungsgäste reiten, angeln und das SPA-Angebot nutzen können. Das Gutsverwalterhaus von 1827 beherbergt das Restaurant der *St. Hubertus Panzió (Rákóczi út 2 | Tel. 36 44 44 44 | €)* – Wildgerichte, Eintöpfe. *K4*

5 PARÁD & PARÁDFÜRDŐ

Von Mátraháza aus führt die Serpentinenstraße 24 durch eine schöne Landschaft nach Parád (2000 Ew.) und zum Thermalkurort Parádfürdő.

Parád ist „Palozenland". Zeugnisse der Lebensart der Palozen sind im *Tájház (Di–So 10–16 Uhr | Sziget utca 10)* zu sehen. Das kleine Museum *Fafaragás (Mi–So 8–16 Uhr | Kékesi út 2)* zeigt teils lebensgroße Holzskulpturen des Künstlers Johák Asztalos, der viele Charaktere seiner Heimat verewigt hat. Auf dem Weg ins 1,5 km entfernte Paradfürdő liegt das wunderbare Kutschenmuseum ★ *Cifra-Stall (Cifra Istálló | Kocsimúzeum | April–Sept. tgl. 10–17, Okt.–März Di–So 10–16 Uhr | nur nach vorheriger Anmeldung zu besichtigen | Kossuth Lajos utca 217 | Tel. 36 36 40 83)*. Im schönen Rahmen eines Grandhotels alten Stils speist du im *Erzsébet Királyné Park Hotel (Kossuth Lajos út 372 | Tel. 36 44 40 44 | erzsebetparkhotel.hu | €€€)* in Paradfürdő. *K4*

EGER

(L4) **Eger, diese Perle des Barocks (53 000 Ew.) zwischen Mátra- und Bükk-Gebirge, nicht nur schön, sie hat auch für jede und jeden etwas zu bieten.**

Eine hübsche, lebhafte, leicht hügelige Altstadt, die an ihrem oberen Ende in das große Gelände der alten, mächtigen Burg mündet. Eine lebhafte Restaurant-, Kneipen- und Cafészene, eine herausragende Basilika, elegante Paläste aus dem 18. und 19 Jh., eine einzigartige Camera obscura, ein Thermalbad und dazu noch ein kleines Tal in Spazierweite vom Stadtzentrum mit ganz vielen urigen Weinkellern.

Die über 1000 Jahre alte Bischofsstadt hat manchen Sturm überstanden. Dem Türkenangriff von 1552 konnte Eger noch standhalten, dann aber fiel die Stadt 1596 doch in türkische Hand und blieb bis 1687 besetzt. Der Wiederaufbau begann im 18. Jh. An den Hängen des Bükk-Gebirges stehen die Rebstöcke bekannter Weine wie Erlauer Stierblut *(Egri Bikavér)* und Erlauer Mägdelein *(Egri Leányka).*

SIGHTSEEING

BASILIKA (BAZILIKA)

Die wuchtige, repräsentative Bischofskirche mit ihren drei Kuppeln – sie ist 93 m lang und 53 m breit – wurde 1831 gebaut. In ihrem Inneren wartet die größte Orgel Ungarns darauf, gespielt zu werden. Nur von 11 bis 12 Uhr mittags wird für den Besuch der Basilika ein kleiner Eintritt verlangt. Dafür erlebst du in dieser Zeit ein kleines, feines Orgelkonzert sozusagen umsonst (sonntags meist etwa eine Stunde später). *Tgl. 6–19.30 Uhr | Pyrker tér | 1 Std.*

INSIDER-TIPP
Kleines Konzert auf großer Orgel

ERZBISCHÖFLICHES LYZEUM (LÍCEUM)

Das Deckenfresko des österreichischen Malers Johann Lukas Kracker in der *Bibliothek (April–Sept. Di–So 9.30–15, Okt.–März 9.30–13.30 Uhr)* des einstigen Erzbischöflichen Lyzeums (1763) – das heute zur Eszterházy-Universität gehört – zeigt im unteren Teil das Konzil von Trient (1545–63). Im oberen Teil „zieht" es architektonische Elemente wie Säulen und Fenster bis hinauf in die Kuppel, die so bedeutend höher wirkt, als sie tatsächlich ist. Ganz oben unterm Dach zeigt man eine ganz besondere Form einer *Camera obscura,* die in einer kleinen, drehbaren Kuppel des Gebäudeturms untergebracht ist – im 18. Jh. war diese Technologie ein Knaller, aber auch jetzt bringt sie dich garantiert noch zum Staunen. Dazu gehört noch ein kleines astronomisches Museum. *Tgl. 9.30–15 Uhr | Esterházy tér 1 | varazstorony.hu | 1–2 Std.*

INSIDER-TIPP
Durch ein schwarzes Loch gucken

ST.-ANTONIUS-KIRCHE (SZENT ANTÓNIUS TEMPLOM)

Eine herausragende Barockkirche mit nach vorn gewölbtem Mitteltrakt und Doppeltürmen, erbaut nach Plänen des berühmten Prager Architekten Kilian Ignaz Dientzenhofer (1689–1751). Bei der Kirche liegt das ehemalige Minoritenkloster. *Dobó tér*

BISCHOFSPALAIS (GÓTIKUS PÜSPÖKI PALOTA) ★

Das Juwel der Burganlage von Eger ist das spätgotische Bischofspalais aus dem 15. Jh. mit dem anmutigen Arkadengang. Von der Bischofsstadt aus dem 13. Jh. sind ansonsten nur Ruinen geblieben, wie zum Beispiel die Überreste der romanisch-gotischen Kathedrale. Schon die schöne Aussicht ist den Weg zur Burganlage jenseits des Flusses Eger wert. Es gibt einen oberen und einen unteren Ein-/Ausgang. Letzterer „wirft" dich direkt in der Altstadt hinaus. Das *István-Dobó-Burgmuseum (Mai–Sept. Di–So 8–21, sonst mindestens 8–17 Uhr | Vár 1 | egrivar.hu)* in der Burganlage zeigt unter anderem eine Gemäldeausstellung. ⏲ *2 Std.*

ERZBISCHÖFLICHE WEINKELLER (EGYKORI ÉRSEKI PINCERENDSZER)

Eine echte Entdeckung sind die alten, 3 km langen Weinkeller mit einem „Säulensaal". Führungen zur vollen Stunde (zieh dir was Warmes an!). Der Eingang zur „Stadt unter der Stadt" liegt hinter dem Palast (gegenüber der Dobos-Konditorei durch den Palasthof gehen). *April–Sept. tgl. 10–20, sonst 10–17 Uhr | idoalagut.hu*

MINARETT (MINARET)

Da musst du unbedingt rauf! Das 35 m hohe Bauwerk von 1596 war Teil einer Moschee. Von oben hast du einen schönen Rundblick – schwindelfrei bist du doch, oder? Ansonsten ist die hohe, schmale Plattform vielleicht keine so gute Idee… *Mai–Sept. tgl. 10–18, sonst 10–17 Uhr | Knézich Károly utca 4 | minareteger.hu*

KOPCSIK MARZIPANMUSEUM (KOPCSIK MARCIPÁNIA)

Dieses Haus gleich gegenüber dem Minarett zeigt in nur wenigen Räu-

Folianten, vollgepackt mit dem Wissen ihrer Zeit, in der Bibliothek des Lyzeums in Eger

Natürlich gibt es in Ungarn nicht nur Paprika: Feldfrüchte und Obst auf dem Markt in Eger

men ca. 150 erstaunliche Arbeiten aus Marzipan: Gemälde, Fußbälle, Märchenszenen und vieles mehr machen nicht nur Kindern richtig Spaß! Genau wie der Süßigkeitenverkauf am Ende des Besuchs. *Tgl. 10–18 Uhr | Harangöntő utca 4 | kopcsikmarcipania.hu*

SERBISCH-ORTHODOXE KIRCHE (RÁC TEMPLOM)

Die großartige Ikonenwand von 1789 lohnt den Weg zu dieser leicht versteckt liegenden, aber zentrumsnahen Kirche. *Di–So 10–16 Uhr | Vitkovics utca 30*

ESSEN & TRINKEN

FŐTÉR CAFÉ-RESTAURANT

Du kannst einfach für einen leckeren Kaffee mit Kuchen, Torte oder Eiscréme herkommen, aber auch für den größeren Hunger gibt es hier die Basics. Mit schönen Sitzplätzen draußen und drinnen. *Gerl Mátyás utca 2 | Tel. 36 81 74 82 | fotercafe.hu | €€*

BRUMBRUM FOOD BAR

Dieses Lokal hat nicht nur einen lustigen Namen, sondern ist von Kopf bis Fuß sympathisch-modern gestaltet, inklusive einer sehr freundlichen Bedienung. Große Auswahl an frisch zubereiteten, kreativen vegetarischen und veganen Gerichten. Zur Mittagszeit kann es voll werden. Tipp: Das Auberginentatar. Direkt unterhalb des Burggeländes am Rand der Altstadt. *Tinódi Sebestyén tér | Tel. 36 51 61 80 | imolaudvarhaz.hu | €–€€*

INSIDER-TIPP
Fleischlos glücklich

GOVINDA ÉTTEREM

Das Lokal ist wohl das beste vegetarische Restaurant der Stadt. Auch eine ganze Reihe veganer Angebote gibt es hier. Einfach, freundlich, günstig, nur mit frischen Zutaten und großen Portionen. Und vor allem gesund. *Tűzoltó tér 5| Tel. 36 31 37 61 | govinda eger.hu | €*

SHOPPEN

DŰLŐ CHOCOLATE & WINE

Kleiner Laden, ansprechend und geschmackvoll zurechtgemacht, vollgestopft mit guten Weinen, u. a. aus Eger und Tokaj. Und als Zugabe gibt's noch eine riesige Auswahl an Schokoladen und Süßigkeiten aus ganz Europa. *Dr. Hibay Károly utca 16 | Facebook: dulo. eger*

MARKT

Nur wenige Meter von der Fußgängerzone der *Széchenyi utca* liegt der täglich geöffnete *Markt,* teils überdacht, teils unter freiem Himmel. Besonders Obst und Gemüse gibt es hier reichlich – und natürlich Weintrauben aus der Region.

SPORT & SPASS

THERMALBAD (TERMÁLFÜRDŐ)

Egers Thermal- und Freibad erinnert mit seiner Kuppel an türkische Badekultur (ein komplettes türkisches Bad gehört auch zum Gelände) – eine exklusive Anlage mit Wellnesshaus in einem schönen Park. Am Platz davor gibt es einen hübschen Brunnen mit kostenlosem Mineralwasser aus der Heilquelle von Eger – zur Selbstbedienung. *Tgl. 8–20 Uhr | Petőfi tér 2 | egertermal.hu*

AUSGEHEN & FEIERN

LIEBFRAUENTAL (SZÉPASSZONYVÖLGY)

An diesem herrlichen Fleckchen – einige Hundert Meter vom Stadtkern entfernt – reiht sich ein traditionsreicher Weinkeller an den nächsten. Nach einem kleinen Rundgang kennst du dich mit den Weinen bestens aus, hast aber vielleicht vergessen, wie du zu deiner Unterkunft zurückfindest. Keine Sorge: Geh erst mal in eines der zahlreichen Restaurants und stärke dich, dann kommt auch die Erinnerung zurück. Auch tagsüber ist hier viel los. *szepasszonyvolgy.hu*

RUND UM EGER

6 EGERSZALÓK

9 km/15 Min. per Auto ab Eger

In der grünen Tallandschaft des Flüsschens Laskó liegt das Heil- und Thermalbadörtchen Egerszalók (2000 Ew.). Die wohl beste Adresse für ein Rund-um-Wellness- und Thermalerlebnis ist das *Saliris Resort (Forrás út 6 | Tel. 36 68 86 08 | salirisresort.hu).* L4

7 DEMJÉN

15 km/20 Min. per Auto ab Eger

4 km nördlich von Kerecsend liegt im Dörfchen Demjén das *Egri Korona*

Weinhaus (Tel. 36 55 03 43 | korona borhaz.hu | €€–€€€) mit Restaurant und den schönsten Ausblicken auf die Rebstöcke. Außerdem gibt's in Demjén noch einige Thermalbäder, das beste ist das *Demjéni Termáltó Fürdő (tgl. 9–22 Uhr | demjentermalto.hu)*. *L4*

8 MEZŐKÖVESD

22 km/30 Min. per Auto ab Eger

Die Kleinstadt (16 000 Ew.) ist das Zentrum der für ihr Kunsthandwerk bekannten Volksgruppe der Matyó. Im *Matyó-Museum (April–Okt. Di–So 9–17, Nov.–März Di–Sa 9–15 Uhr | Szent László tér 8)* sind Stickereien und anderes Kunstgewerbe ausgestellt. Das Matyó-Viertel mit seinen winkeligen Gassen und Reetdachhäuschen wird *Hadas* genannt. Führungen beginnen am *Haus der Volkskunst (Mezőkovesd tájház | 15. März–15. Okt. Mo–Fr | Kisjankó Bori utca 5–7)*. Arbeiten der Matyó-Volkskünstlerin Bori Kis Jankó (1876–1954) sind in ihrem Haus in der *Kisjankó Bori utca 22* zu sehen *(April–Juni u. 21. Aug.–Okt. Di–So 10–16, Juli–20. Aug. tgl. 10–18 Uhr)*. *L4*

9 NOSZVAJ

11 km/15 Min. per Auto ab Eger

Das *Weingut von Vilmos Thummerer (Szomolyai út | Tel. 36 46 32 69| thum merer.hu)*, einem der besten Winzer Ungarns, liegt in diesem 1900-Ew.-Dorf. Herausragendes Bauwerk ist das barocke *Schloss De La Motte (tgl. 11–16.30 Uhr | Dobó István utca 10 | dela mottekastely.hu)* aus dem 18. Jh. mit geführten Touren *L4*

10 SZALAJKA-TAL (SZALAJKA-VÖLGI) ★

28 km/40 Min. per Auto ab Eger bis Szilvásvárad

Das romantische Szalajka-Tal bei Szilvásvárad und die Lipizzaner sind im Bükk-Gebirge das beliebteste Ausflugsziel. Das Tal kannst du zu Fuß, gegen Gebühr mit dem Auto oder mit der historischen Schmalspurbahn (auf einer Strecke von 5 km) erleben. Das meistbesuchte Ziel ist der kleine *Schleierwasserfall*. Für den besseren Überblick kannst du auch erst mal den kleinen *Aussichtsturm* besteigen. Alle Spazier- und Wanderziele sind recht gut ausgeschildert. Nach einer Rundfahrt- oder -wanderung solltest du einkehren, z. B. in den Gasthof *Szalajka Fogadó (Egri út 2 | Tel. 36 56 40 20 | €€)* – hier werden gute Fisch- und Wildgerichte serviert.

INSIDER-TIPP
Hoch auf dem weißen Ross

Ein besonderes Highlight für Pferdefans ist das Lipizzanergestüt Szilvásvárad *(Állami Ménesgazdasag Silvásvárad | Egrí út 16 | menesgazda sag.hu)*, das auf Anfrage auch Reitausflüge anbietet. *L4*

MISKOLC

(L–M 3–4) **Die kleine historische Innenstadt von Miskolc (155 000 Ew.) ist durchaus einen Zwischenstopp wert. Ganz zu schweigen vom einzigartigen Höhlenbad im Stadtteil Tapolca.**

Die zentrale Achse der Stadt ist die Fußgängerzone *Széchenyi István út*

Blaue Grotten: eintauchen in unterirdische Badewelten im Erlebnisbad von Miskolc

mit dem *Nationaltheater (Nr. 23)*. Zwischen Hősök tere und Jókai Mór utca stehen die *Minoritenkirche* von 1743 und die im Zopfstil erbaute *Griechisch-orthodoxe Kirche* mit einer wertvollen Ikonenwand. Ein gotisches Meisterwerk von 1470 ist die *Avas-Kirche* am Hang des Stadtbergs Avas (234 m). Besonders attraktiv zum Besichtigen sind die Ortsteile Diósgyőr (am Stadtrand), Lillafüred (s. S. 120) und Miskolc-Tapolca (7 km südlich).

SIGHTSEEING

DIÓSGYŐR

In der *Burg (Mai–Sept. tgl. 9–18, Okt.–April 9–17 Uhr)* mit ihren 24 m hohen Ecktürmen hielten sich Ungarns Könige im 14. und 15. Jh. am liebsten auf. In schöner Lage neben der Burg findest du das *Freibad Miskolc-Diósgyőri (20. Mai–31. Aug. | Vár utca 1)*.

ESSEN & TRINKEN

CALYPSO

Ungarische Küche in großen Portionen in einem restaurierten Bürgerhaus, mit Terrasse. *Városház tér 7 | Tel. 46 32 46 16 | calypsomiskolc.hu | €*

SPORT & SPASS

THERMAL- UND ERLEBNISBAD (BARLANGFÜRDŐ)

INSIDER-TIPP
In der Höhle planschen

Ein Badeerlebnis der besonderen Art: Das moderne Bad, das in eine Höhle hineingebaut wurde, bietet ein ganz spezielles Ambiente, dem sich niemand entzie-

Auf zur Kahnpartie! Der waldumsäumte Hámori-See in Lillafüred

hen kann. *Juni–Aug. tgl. 9–19, Sept.–Dez., Jan.–Mai 9–18 Uhr | Freibad nur April–Okt. | Pazár István sétány | bar langfurdo.hu*

RUND UM MISKOLC

11 LILLAFÜRED

14 km/15 Min. per Auto ab Miskolc

Im Mittelpunkt des hübschen Höhenkurörtchens (320 m, 200 Ew.) liegt der See *Hámori* mit dem *Schlosshotel Palota*. Die schönste Anfahrt von Miskolc ist die mit der *Schmalspurbahn*. Forellen aus eigenen Teichen sind eine Spezialität des bescheidenen, guten Restaurants der *Sebesvíz Pension (Külterület 01 062 hrsz. Támpont 3 | Tel. 46 33 33 03 | sebesvizpanzio.hu | €)* – wunderbar gelegen in 800 m Höhe (von Miskolc aus hinter der Felsentoreinfahrt in Lillafüred nicht Richtung Eger fahren, sondern nach rechts, dann geradeaus, nach 5 km ausgeschildert).

Außerem gibt es in Lillafüred zwei kleine Höhlen, die man in jeweils einer guten halben Stunde besichtigt hat – die *Anna-Höhle* und die *Szent-István-Höhle*. Beide sind sehr gut erhalten und einen Besuch wert, auch und gerade mit Kindern. Sogar Fledermäuse kriegst du hier mit etwas Glück zu sehen. L4

INSIDER-TIPP
Wo Batmans Wappentiere flattern

12 TOKAJ

57 km/1 Std. per Auto ab Miskolc

In Tokaj (4100 Ew.) dreht sich alles um den berühmten Wein. Einen Rundgang wert ist die kleine Innenstadt mit Rathaus, griechisch-orthodoxer Kirche und Synagoge. Das *Rákóczi-Barockschloss (Bajcsy-Zsilinszky út 15)* beherbergt heute eine Schule.

Bei einer Weinprobe kannst du dich durchs Labyrinth des *Rákóczi-Weinkellers (Juli/Aug. tgl. 11–20, Sept.–2. Okt. Mi/Do 13–18, Fr–So 11–18 Uhr, sonst nach Voranmeldung | Kossuth tér 15 | Tel. 47 35 24 08 | rakoczipince.hu)* tasten. Die Geschichte des Tokaj-Weins erzählt das *Tokaj-Museum (Tokaji Múzeum | Di–So 9–17 Uhr | Sérház út 55 | bormuzeum.eu)*. Im Keller sind unter alten Gewölben historische Geräte zur Weinherstellung und Flaschen einiger der edelsten Tropfen zu bestaunen. Natürlich werden aber auch gute Weine verköstigt. *tokajturizmus.hu* | N3

13 BARADLA-HÖHLE (BARADLA BARLANG) ★ ☂

55 km/1 Std. per Auto ab Miskolc

Märchenhafte Unterwelt im Karstgebiet Aggtelek an der Grenze zur Slowakei. Das Höhlensystem ist auf ungarischer Seite 17 km lang und birgt atemberaubende Tropfsteinformationen in teils gewaltigen Sälen.

Der Haupteingang liegt im Ort *Aggtelek*, zwei weitere Eingänge gibt es im Bergdorf *Jósvafő* und am *Roten See (Vöröstó)*. Hier gilt: Zieh dir was Warmes an! Zwischen Aggtelek und Jósvafő fahren Shuttlebusse. Ein Erlebnis ist ein Konzert im großen Höhlensaal. *Höhlentouren (z. B. 1 Std. oder 1,5 Std.) in Aggtelek und Jósvafő ganzjährig, z. B. in Aggtelek April–Sept. tgl. 10, 11, 12, 13, 14, 15, 17 Uhr | Auskunft: Tourinform Aggtelek | Baradla oldal 3 | Tel. 48 50 30 01 | anp.hu* | L2

14 SÁROSPATAK

74 km/70 Min. per Auto ab Miskolc

In dem Städtchen (12 000 Ew.) am Fluss Bodrog steht ein *Renaissanceschloss (Sárospataki vár | März–Okt. Di–So 10–18, Nov.–Feb. 10–17 Uhr | Szent Erzsébet utca 19)* der Fürstenfamilie Rákóczi, die in Ungarns Geschichte eine bedeutende Rolle spielte. Vom Turm (bei Führungen zu besichtigen) bietet sich dir ein wunderbares Panorama. Eine ganz eigene Welt sind die Kasematten *(Mai–Okt. Di–So 10–18 Uhr)* im Kellersystem der Burg. Sehenswert ist auch die organische Architektur von Imre Makovecz: das *Kulturhaus (Eötvös utca 6)*, die *Schule (Arany János utca 3–7)* und eine Häusergruppe mit kegelförmigen Dächern beim *Hild-Platz.*

Im Kulturzentrum *Új Bastya (Szent Erzsébet utca 3)* gibt es das *Tourinform-Büro (Tel. 47 51 31 50)*, ein Café und ein *Panoptikum (Mo–Fr 10–18 Uhr)* mit mittelalterlichem Gefängnis. Mit Burgblick speist man hervorragend im *Vár Vendéglő (Árpád út 35 | Tel. 47 31 13 70 | varvendeglo.hu | €€).* N3

SCHÖNER SCHLAFEN IN NORDUNGARN

IM WEINBERG GLAMPEN

Im *Nomád Hotel & Glamping (Sikfőkút út 5–7 | Noszvaj | Tel. 36 46 33 63 | nomadhotel.hu | €€–€€€)*, 10 km von Eger, bist du mitten in den Weinbergen, ohne auf irgendwelche Annehmlichkeiten zu verzichten. 9 Bungalows: top ausgestattet; dazu gibt's hervorragendes Essen, Pool, Sauna und Hot Tub.

IM BAUMHAUS CHILLEN

TreeHouses Noszvaj (Tósétány utca 20–22 | Noszvaj | Tel. 20 6 18 99 00 | treehouses.hu | €€€) hat 5 Holzhäuser auf Stelzen in tolle Atmosphäre zwischen Baumkronen gestellt. Supergemütlich ausgestattet, mit eigenem Jacuzzi, Miniküche und Bad.

ERLEBNIS TOUREN

Lust, die Besonderheiten der Region zu entdecken? Dann sind die Erlebnistouren genau das Richtige für dich! Ganz einfach wird es mit der MARCO POLO Touren-App: Die Tour über den QR-Code aufs Smartphone laden – und auch offline die perfekte Orientierung haben.

1 AUF DEN SPUREN DER TOKAJ-WEINE

- ➤ Legendäre süße Tropfen verkosten
- ➤ Historische Weinkeller bewundern
- ➤ Durch die charmanten Gässchen von Tokaj schlendern

Start: Szerencs
Ziel: Tokaj
Strecke: 185 km
Dauer: 1½ Tage, reine Fahrzeit 3½ Stunden

Kosten: ca. 510 Euro/2 Personen (Benzin, Unterkunft, Essen und Wein, Eintritte)

Achtung: **Tokaj-Oremus** in **5 Tolcsva**, **8 Tokaj-Pendits**: Besichtigung bzw. Weinprobe nur nach vorheriger Anmeldung

LEHRSTUNDE IM WEINKELLER

Das Weinbaugebiet Tokaj-Hegyalja ist das Herz der ungarischen Süßweinproduktion. Los geht's in ❶ Szerencs, dem Tor zur Weinregion. Bald grüßt *an der Straße 37* das klassizistische „Gelbe Weinhaus" der Spitzenkellerei ❷ Disznókő *(Juni–Sept. tgl. 10–19, Mai, Okt. 10–18 Uhr | Mezőzombor | disznoko.hu)*. Bei einer Führung entdeckst du die Anlage und genießt eine Weinprobe in den historischen Kellerräumen. *Auf dem weiteren Weg begleitet dich die ganze Zeit die sanfte Hügellandschaft mit ihren Weinanpflanzungen.* In ❸ Tarcal erweist sich das Schlosshotel *(Terézia kert 9 | Tel. 47 58 04 00 | hotelgrofdegenfeld.hu | €€€)* des Weinguts Gróf Degenfeld als idealer Ort für ein gutes Mittagessen und zum Lüften einiger Tokajer-Geheimnisse. So entsteht erst mit der Feuchtigkeit des Flusses Bodrog jener Schimmelpilzbefall der Trauben, der mit der Herbstsonne den Zuckergehalt in einzigartiger Weise konzentriert. Ganz schön raffiniert.

EINKAUF IM WEINGUT

In ❹ Tokaj ➤ S. 120 gehst du in einem der Läden nahe dem zentralen Kossuth tér erst mal einkaufen für ein Picknick: Brot, Salami, Paprikapaste, Quark … So ver-

TAG 1

❶ **Szerencs**
8 km 7 Min.

❷ **Disznókő**
5 km 6 Min.

❸ **Tarcal**
9 km 11 Min.

❹ **Tokaj**
25 km 25 Min.

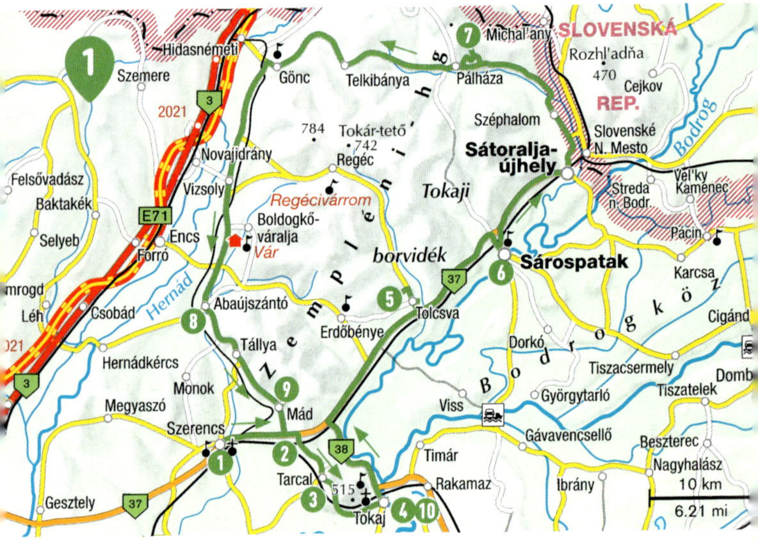

5 Tolcsva
18 km 17 Min.

sorgt geht's dann *über den Weinort Bodrogkeresztúr und auf der Straße 37 nach* **5 Tolcsva** *(leicht links der Straße)* mit dem Spitzenweingut **Tokaj-Oremus** *(Mai–Okt. | Bajcsy-Zsilinszky utca 45 | Tel. 47 38 45 05 | tokajoremus.com)*. Dort bestaunst du ganz in Ruhe das dreistöckige, seit dem 12. Jh. von Hand ausgeschlagene Kellersystem und erstehst vielleicht noch das ein oder andere Fläschchen Tokajer für zu Hause. Viel Landhauscharme hat das Restaurant **Ős Kaján** *(Kossuth utca 14–16 | Tel. 47 38 41 95 | oskajan.hu)*, wo du nun dringend einen Kaffee mit Kuchen brauchst.

6 Sárospatak
34 km 45 Min.

PICKNICK IM PARK

Die Straße 37 schlängelt sich weiter nach **6 Sárospatak** **➤ S. 121**. Hier besichtigst du das **Renaissanceschloss** mit Turm und lässt die tolle Aussicht auf die Umgebung auf dich wirken. Auch die beeindruckenden Kasematten sind ein paar Blicke wert. *Anschließend verläuft die Tour entlang den Abhängen des Zemplén-Gebirges über Sátoraljaújhely und durch die Hügel westwärts nach Pálháza. Nimm von dort den Abstecher (2 km) nach* **Füzérradvány** *zum* **7 Schloss Károlyi** *(Károlyi-kastély)*. Mitten im großen Park packst du

7 Schloss Károlyi
54 km 1 Std.

dann endlich deinen Picknickkorb aus. In Abaújszántó solltest du auf jeden Fall den ein oder anderen Tropfen im biologisch-dynamischen Demeter-Weingut 8 Tokaj Pendits *(ganzjährig | Tel. 47 33 05 67 | pendits.com)* probieren und erwerben. Nun ist es Zeit für den gemütlichen Teil des Abends: In 9 Mád stehen die Reben des bedeutendsten Tokaj-Winzers István Szepsy. Im stattlichen Palais, innen gediegen-einfach, übernachtest du im Hotel Mádi Kúria *(€€)*, das im Restaurant auch sehr gute Weine ausschenkt.

8 Tokaj Pendits
12 km 11 Min.

9 Mád

BUMMEL IM SÜSSWEIN-SCHLARAFFENLAND

Am nächsten Morgen bist du dann gut ausgeschlafen und bereit für das idyllische Städtchen, nach dem die berühmten Weine benannt sind: 10 Tokaj ➤ S. 120. Schlendere durch die Gässchen und besuch das Tokaj-Museum, wo du alles am Vortag Erlebte noch einmal Revue passieren lässt. Ein perfekter Ausklang für diese süß-weinselige Tour ist der Rákóczi-Weinkeller am schönen Hauptplatz Kossuth tér.

TAG 2
20 km 20 Min.

10 Tokaj

2 PUSZTA-ROMANTIK IN DER GROSSEN TIEFEBENE

- ➤ Reitershow anschauen und Kutschfahrt unternehmen
- ➤ Im Freilichtmuseum die Zeit zurückdrehen
- ➤ Jugendstil und Wein in Kecskemét genießen

Start: Budapest
Ziel: Budapest
Strecke: 350 km
Dauer: 1½ Tage, reine Fahrzeit 7½ Stunden
Kosten: ca. 220 Euro/2 Personen (Benzin, Unterkunft, Essen, Reitervorführung, Kutschfahrt)

RAUS AUS DER STADT!

Nimm aus 1 Budapest ➤ S. 82 *die Straße 51 nach Süden, parallel zur langen Donauinsel Csepel. Etwa 30 km*

1 Budapest
51 km 50 Min.

❷ Ráckeve
51 km 55 Min.

hinter der Hauptstadt, in Kiskunlacháza, führt eine Abzweigung zur einstigen Serbenstadt ❷ **Ráckeve** (auf der Insel). Schön anzusehen sind das elegante **Schloss Savoyen** *(Kossuth Lajos utca)* und die **Serbenkirche** *(Viola utca 1)* aus dem 15. Jh. mit Fresken und einer spätbarocken Ikonenwand. In Kiskunlacháza gibt es übrigens einen kleinen Flughafen, von dem Helikopter mit Bungee-Jumpern starten.

PICKNICK IM DÜNENSAND

❸ Solt
21 km 40 Min.

Weiter geht es südlich bis ❸ **Solt**. Gönn dir einen Latte Macchiato und ein hausgemachtes Eis im unscheinbaren, leicht abgelegenen **Café Erzsébet** *(nach rechts auf die Straße 52 abbiegen, gegenüber der Tankstelle links am Parkplatz)*, wo du dir am besten auch einen kleinen Imbiss für später einpacken lässt – je nach Lust und Laune ein herzhaftes Sandwich oder ein Stück Dobos-Torte. *Die Straße 52 führt nun nach Osten in Richtung Kecskemét.* Die Einzelhöfe *(tanya)* sind ein Markenzeichen der Puszta-Landschaft. *Westlich des Orts Fülöpháza* liegt ein Teil des ❹ **Nationalparks Kiskunság** *(Kiskunság Nem-*

❹ Nationalpark Kiskunság
34 km 40 Min.

Hier gibt's viel zu gucken: farbige Fresken aus dem 15. Jh.in der Serbenkirche von Ráckeve

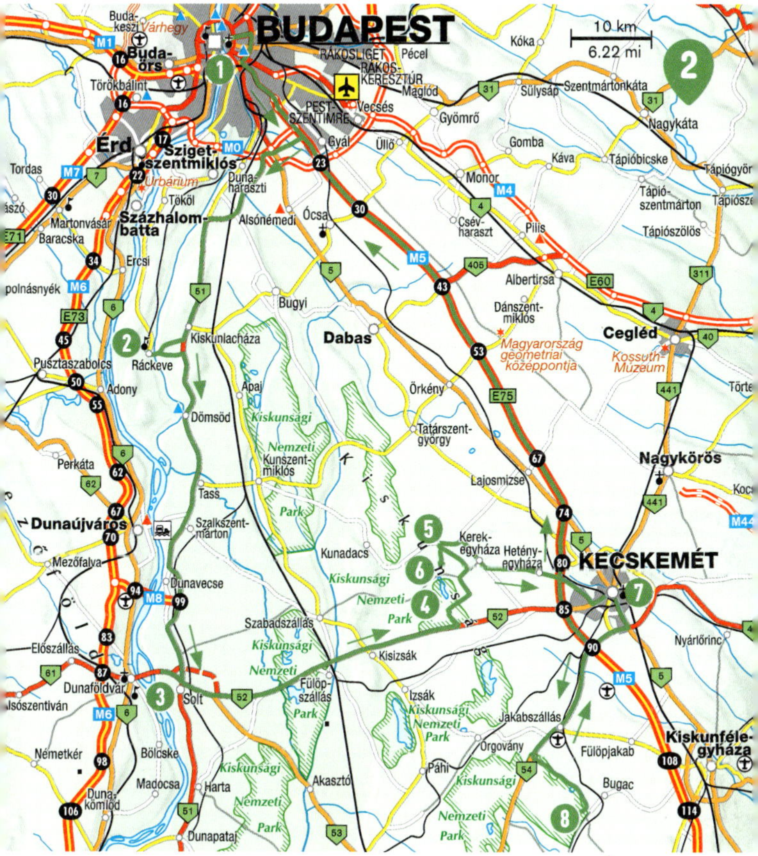

zeti Park) mit einzigartigen Flugsanddünen. Ein Lehrpfad bietet den perfekten Rahmen für dein mitgebrachtes Picknick.

MIT DER KUTSCHE INS MUSEUM

Wie einst ein echter Puszta-Einzelhof aussah, erfährst du *wenige Kilometer nordöstlich von Fülöpháza in der Einöde von* **Kunpuszta/Kerekegyháza** beim Hotel ⑤ **Varga Tanya** *(Kunpuszta 150 | Kerekegyháza | Tel. 76 37 10 30 | www.vargatanya.hu)*. Hier erlebst du eine spannende Reitervorführung im typischen Puszta-Stil! Und wo du schon da bist: Unternimm doch außerdem

⑤ **Varga Tanya**
2 km 15 Min.

❻ Hof von Olga Rendek

28 km 40 Min.

eine *Kutschfahrt zum* ❻ Hof von Olga Rendek *(Kunpuszta 81 | Kerekegyháza | Tel. 76 710962 | okomuzeum.hu)*. Olga und ihr Mann haben die *tanya* der Großeltern originalgetreu restauriert und zeigen sie in ihrem kleinen „Ökomuseum" so, wie man damals darin lebte – selbstverständlich alles nachhaltig und im Einklang mit der Natur.

❼ Kecskemét

REIN IN DIE STADT!

Aus der tiefsten Dorfwelt geht es nun in die „große" Stadt ❼ Kecskemét ➤ S. 102. Lass den bildschönen Ort mit Großer Kirche, Cifra-Palast und Jugendstil-Rathaus einfach auf dich wirken, iss zu Abend im stimmungsvollen Garten- und Weinlokal Kecskeméti Csárda & Borház *(Kölcsey utca 7 | Tel. 76 48 86 86 | kecskemeticsarda.hu | €€)* und übernachte in der familiären Fábián Panzió *(panziofabian.hu | €)*.

TAG 2

36 km 40 Min.

❽ Bugac-Puszta

126 km 80 Min.

PUSZTA-LEBEN ERLEBEN

Die Landstraße 54 führt weiter zur südlich gelegenen ❽ Bugac-Puszta ➤ S. 104, die dir einen authentischen Eindruck des Puszta-Lebens vermittelt. Nach ei-

Aus dem Innhof des Schlosses von Hédervár wächst eine Bastard-Platane in den Himmel

nem Spaziergang dinierst du im traditionellen Gasthaus Karikás Csárda *(Nagybugac 135 | Bugac | Tel. 76 57 51 12 | bugacpuszta.hu | €€). Die Autobahn M5 bringt dich dann zurück nach* ❶ Budapest ➤ S. 82.

❶ Budapest

❸ NATUR UND WELLNESS ZWISCHEN DONAU UND DONAU

- ➤ An Schlössern und Biotopen entlangradeln
- ➤ Aufsatteln oder lospaddeln
- ➤ Im Thermalbad chillen

Mosonmagyaróvár

Mosonmagyaróvár

75 km

2 Tage, reine Fahrzeit 5½ Stunden

Kosten: ca. 375 Euro/2 Personen (Fahrradmiete, Übernachten, Essen, Reiten, Kutschfahrt, Kanuausleihe)

IMBISS IM SCHLOSS

❶ Mosonmagyaróvár
18 km 1 Std.

Miete dir in ❶ Mosonmagyaróvár ➤ S. 51 beim Fahrradladen Kör *(Mo–Fr 9–17, Sa 9–12 Uhr | Kolbai Károly utca 23 | Tel. 96 57 60 13)* einen Drahtesel. Diese Tour ist nicht lang oder intensiv, sodass du es ganz entspannt angehen kannst. Die Kleine Schüttinsel ➤ S. 35 wird gebildet vom breiten Hauptstrom der Donau und vom Nebenarm Moson-Duna, der sich in wilden Schlingen durch die Landschaft windet. *Nimm die Brücke über die Moson-Duna in das Dorf Halászi. Der Weg führt dich nun über Dárnoszeli nach* ❷ Hédervár, wo du das Renaissanceschloss für eine erste kleine Pause nutzt: Gönn dir einen fürstlichen Imbiss im Hotelrestaurant Schloss Hédervári *(Fő utca 47 | Tel. 96 21 34 33 | hedervar.hu | €€€).*

❷ Hédervár
4 km 25 Min.

NACH DEM BADEN AN DEN FLUSS

❸ Lipót
23 km 85 Min.

Danach radelst du auf der Kossuth Lajos utca weiter nach ❸ Lipót ➤ S. 52. Hier kannst du dich im Thermal-

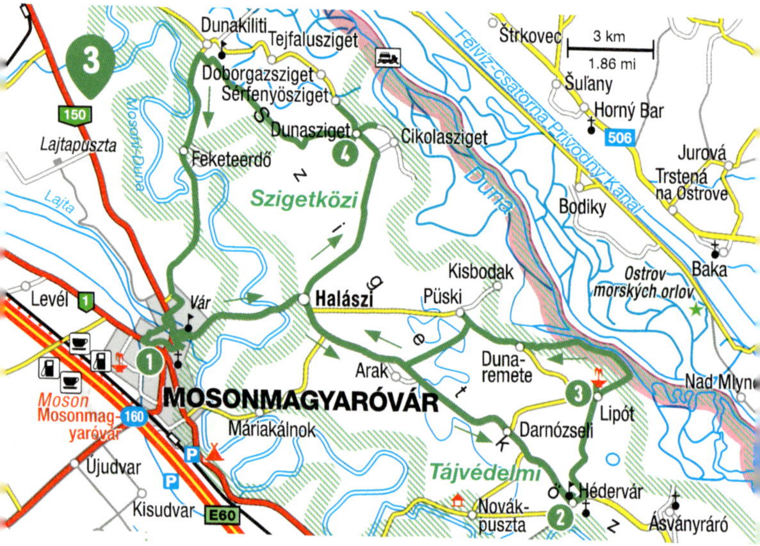

④ Dunasziget

bad mit Erlebnisbad erfrischen. *Dann radelst du ganz nah ans ziemlich zugewachsene Donauufer heran* – so erlebt man am schönsten und ursprünglichsten die fast unberührten, von den Nebenarmen des Flusses gebildeten Biotope. Vielleicht entdeckst du den ein oder anderen hübschen Vogel, wenn du du dich still verhältst! *Weiter geht es: vorbei an Dunaremete und Püski und wieder zurück nach Halászi. Nun steuerst du nach* ④ Dunasziget, das sich als charmantes Dorf mit einer Kirche und einigen Lokalen präsentiert. Ein Nachtlager findest du im traditionellen Pensionsgasthaus Zátonyi Csárda *(zatonyicsarda.hu | €).*

PADDEL STATT PEDAL

TAG 2

29 km 2,5 Std.

Nach einem herzhaften Csárda-Frühstück lässt du das Fahrrad erst mal noch stehen und gleitest bei einer Kanutour über das hier recht ruhige Gewässer – die Pension vermittelt die Ausleihe. Wieder an Land, schwingst du dich beim idyllisch gelegenen, familienbetriebenen Reiterhof Szelle *(Sérfenyő utca 99 | Dunasziget | Tel. 96 23 35 15 | szellelovasudvar.hu)* auf der Reitbahn für eine Dreiviertelstunde

INSIDER-TIPP
Mal kurz auf der Donau paddeln

in den Sattel. Als Zugabe lässt du dich hinterher noch eine Stunde lang in einer Kutsche durch die Landschaft chauffieren.

ENTSPANNUNG AM ENDE

Danach trittst du wieder in die Pedale. *Nahe Dunakiliti kommst du nach* Fekete-erdő, wo du mit etwas Glück die typisch ungarischen Graurinder auf den Weiden grasen siehst. *Über die Brücke direkt südlich von Fekete-erdő radelst du nun durchs Grüne zurück nach* ❶ Mosonmagyaróvár ➤ S. 51. Hier gibst du das Fahrrad wieder ab und entspannst die müden Beine im Thermalbad Flexum. Im zugehörigen Aqua Hotel Termál findest du nach der vielen frischen Luft und dem einlullenden Thermalwasser dann genau die richtige Bettruhe – aber natürlich nicht, bevor du im nahen Restaurant Nimród Étterem *(Királyhidai utca 59 | Tel. 96 21 11 41 | nimrodhotel.hu | €€)* auf der Außenterrasse zu Abend gegessen und aufs Ende der Schüttinsel-Tour angestoßen hast!

❶ Mosonmagyaróvár

Fliegende Farbenpracht: Bienenfresser nisten in Erdhöhlen an den Steilufern der Donau

GUT ZU WISSEN

DIE BASICS FÜR DEINEN URLAUB

ANKOMMEN

EINREISE

Von Deutschland gibt es mehrere Anreise-Varianten mit dem Auto. Aus den südlichen Bundesländern führt die A8 von München nach Salzburg, dann geht es über Linz und Wien nach Ungarn. Ansonsten dürfte die A3 über Nürnberg und Regensburg nach Österreich die beste Wahl sein. Wer aus Ost- oder Norddeutschland anreist, für den ist die A17 von Dresden nach Tschechien und dann über Prag und Brünn (Brno) ins slowakische Bratislava oder nach Wien auch eine Alternative. Unterwegs gibt's zwar einige Staatsgrenzen, aber alle Länder gehören zum Schengenraum. Wartezeiten entfallen also. Aus Österreich führt die A4 von Wien nach Budapest (in Ungarn heißt die Autobahn dann M1), nach Westungarn gelangt man über die A3 aus Wien nach Sopron. Aus der Schweiz geht es am schnellsten über Winterthur, St. Gallen, Bregenz und dann auf der A96 nach München und weiter wie oben beschrieben.

Die klassischen nationalen Airlines wie Lufthansa, Austrian und Swiss bieten zahlreiche Budapest-Verbindungen an. Aber auch die Budget-Fluglinien wie etwa die aus Ungarn stammende WizzAir sind vollgepackt mit Angeboten für Ungarn-Reisende: Nach Budapest geht es direkt aus Berlin, Dortmund, Frankfurt, Hannover und Basel, außerdem ins ostungarische Debrecen von Dortmund und Basel. EasyJet fliegt von Berlin und Basel nach Budapest. Auch Eurowings hat eine Reihe von Verbindungen aus den deutschsprachigen Ländern nach Ungarn im Programm.

Relevant sind in Budapest die Flughafen-Terminals Ferihegy 2A und 2B (24 km vom Zentrum). Der Bus Nr.

Der Ostbahnhof Budapest Keleti ist der wichtigste der Stadt

200E (Abfahrt vor der Ankunftshalle) fährt bis zur Station Kőbánya-Kispest; von dort geht's per U-Bahn flott ins Stadtzentrum. Eine attraktive Alternative ist der Minibus *miniBUD (minibud.hu),* der seine Gäste direkt beim jeweiligen Hotel abliefert.

Wichtige Regionalflughäfen gibt es nicht viele. Der Hévíz-Balaton-Airport *(hevizairport.com)* hat besonders im Sommer viele Charterflüge im Programm, aber keine Linienverbindungen. Debrecen *(debrecenairport.com)* hat neben den oben erwähnten Wizz-Air-Connections auch eine Lufthansa-Direktverbindung nach München.

Zugreisen dauern gar nicht so lange, wie man denken könnte. Aus Berlin gibt's eine EC-Direktverbindung (11:21 Std.). Aus München dauert es mit dem RailJet-Zug ohne Umsteigen nur 6:49 Std. Wer sich einen Frühbucher-Sparpreis schnappt, ist so manchmal schon für 39 Euro unterwegs.

Busverbindungen nach Ungarn gibt es viele, z. B. ab Berlin, Frankfurt a. M., Hamburg, München, Nürnberg, Stuttgart, Wien, Graz, Salzburg. Zum Beispiel mit Eurolines: aus Berlin knapp 13 Std. Fahrzeit, Preis ab ca. 25 Euro. Auskunft (und Tickets) in Budapest am *Internationalen Autobusbahnhof (Népliget | Üllői utca 131 | bkv.hu).*

EINREISEBESTIMMUNGEN

Für Deutsche, Österreicher und Schweizer genügt bei der Einreise ein Personalausweis oder Reisepass. Seit Ungarns Beitritt zum Schengenabkommen gibt es bei der Einreise aus anderen Schengenstaaten keine Personenkontrollen mehr. Ausnahmen kommen aus politischen Gründen oder wegen besonderer Anlässe vor.

KLIMA & REISEZEIT

Ungarn ist durch seine Lage im Karpatenbecken vor extremer kontinentaler

GRÜN & FAIR REISEN

Du willst beim Reisen deine CO_2-Bilanz im Hinterkopf behalten? Dann kannst du deine Emissionen kompensieren *(atmosfair.de; myclimate.org)*, deine Route umweltgerecht planen *(routerank.com)* oder auf Natur und Kultur *(gate-tourismus.de)* achten. Mehr über ökologischen Tourismus erfährst du hier: *oete.de* (europaweit); *germanwatch.org* (weltweit).

Witterung geschützt. Der Wind ist meist schwach, es fällt wenig Niederschlag. Die Sommer sind warm bis heiß, die Winter kalt und klar. Schmuddelwetter ist selten. Der Balaton belegt mit über 2000 Sonnenstunden im Jahr sogar einen Spitzenplatz in Mitteleuropa. Während es im Juli und August nicht nur heiß, sondern auch voll wird, sind besonders die Monate Mai, Juni und September empfehlenswert. Im Herbst ist es oft noch mollig warm. Dank seiner Thermalquellen und schönen Städte ist Ungarn aber auch rund ums Jahr immer eine Reise wert.

WEITERKOMMEN

AUTO

Es herrscht absolutes Alkoholverbot (null Promille). Außerhalb von Ortschaften muss auch tagsüber mit Abblendlicht gefahren werden. Telefonieren ist nur mit Freisprechanlage erlaubt. Die Höchstgeschwindigkeit für Pkw beträgt in Ortschaften 50, auf Landstraßen 90, auf Autobahnen 130 km/h. Bahnübergänge dürfen nur mit Tempo 30 überquert werden. Sicherheitswesten muss man für jeden Sitzplatz im Auto dabeihaben.

Die Straßen sind inzwischen wirklich gut geworden, aber Autofahrer sollten trotzdem immer auf Überraschungen gefasst sein, vor allem auf Landstraßen. Viele Radfahrer sind im Dunkeln ohne Licht unterwegs, Traktoren und Pkw haben keine voll funktionierende Beleuchtung. Autos, die eine Panne haben, werden nur selten weit genug vorher per Warndreieck gesichert.

Eine grüne Versicherungskarte erleichtert bei einem Unfall die Abwicklung der Formalitäten. Bei einem Unfall mit Verletzten muss die Polizei gerufen werden. *Zentralruf der Autoversicherer in Deutschland: 0049 40 300 33 03 00*

Bei zu schnellem Fahren, Verletzung der Gurtpflicht, Alkohol am Steuer und Überfahren von roten Ampeln kann die Polizei von Ausländern Geldstrafen bis zu 300 000 Ft. (ca. 1000 Euro) an Ort und Stelle erheben. Im Zweifelsfall begleitet man dich auch direkt zum nächsten Geldautomaten.

AUTOBAHNGEBÜHREN

Ungarns Autobahnen sind gebührenpflichtig. Vignetten *(matrica)* gibt es bei den Zahlstellen der Autobahnen, an Grenzübergängen und an Tankstellen in Autobahnnähe sowie online als „e-Vignette" *(autobahn.hu)*. Für einen

FESTE & EVENTS
RUND UMS JAHR

JANUAR
Neujahrskonzert am 1. Jan. in der Staatsoper in Budapest. *opera.hu*

FEBRUAR
Busó-Karneval in Mohács: knallbuntes Spektakel mit Umzug und Jahrmarkt. *mohacs.hu*

MÄRZ/APRIL
Ostern in Hollókő: traditionelle Trachten und Bräuche im historischen Dorf. *holloko.hu*

APRIL
Frühlings-Halbmarathon in Budapest. *runinbudapest.com*

MAI
Saisoneröffnung der Strände am Plattensee

JUNI
Internationale Palastspiele: Ritterturniere und eine Menge anderer Mittelalterspektakel in Visegrád

JULI
Veszprémer Sommer: Klassik, Rock und Pop open air auf dem historischen Burgberg. *veszpremfest.hu*
Stierblutfestival: Wein- und Essensfest in Eger. *bikaverunnep.hu*

AUGUST
Sziget-Festival: hochkarätige internationale Bands auf der Margareteninsel in Budapest. *sziget.hu*
St.-Stephans-Tag: Am großen Nationalfeiertag werden Feuerwerke abgefackelt und in Debrecen der farbenfrohe Blumenkarneval begangen *(debreceniviragkarneval.hu)*.

OKTOBER
Cafe Budapest Festival: cooles Fest mit moderner Kunst, Musik und Theater, Tanz und Handwerk, Mode und Design. *cafebudapestfest.hu*

DEZEMBER
Weihnachtsmärkte im ganzen Land, u. a. *budapestchristmas.com*

Pkw beträgt die Maut für 10 Tage 3500 Ft., für einen Monat 4780 Ft. Den Zahlungsbeleg zur Sicherheit bis zum Schluss aufbewahren!

PANNENHILFE

- Der Notruf des Ungarischen Autoclubs *(Magyar Autóklub, Gelbe Engel/Sárga angyal)*: *Tel. 1 88 (24 Std.)*
- Internationale Notdienstzentrale: *Tel. 1 345 17 44*
- Notruf für ADAC/ÖAMTC-Mitglieder: *Tel. 1 345 17 17 (Mitte Juni–Mitte Sept. 8–20 Uhr)*

MIETWAGEN

Mietwagenunternehmen gibt es in allen größeren Orten. Ein ungarischer Anbieter ist *Fox Autorent (foxautorent.com)*. Gute Vergleichsportale für Mietwagen, über die man auch direkt buchen kann, sind *autoeurope.com* und *rentalcars.com*.

IM URLAUB

AUSKUNFT

Informationen zu allen Orten in Ungarn: *hellohungary.com*

Die Touristeninformation mit dem einheitlichen Namen *Tourinform (tourinform.hu)* gibt es in fast allen touristisch wichtigen Orten Ungarns. In Budapest: *Budapestinfo Pont (budapestinfo.hu)*.

Die Internetadressen einzelner Orte lassen sich am besten googeln: Name des Orts und die Schlüsselwörter „tourist information". Museen und Sonderausstellungen gibt's auf *museum.hu*.

FEIERTAGE

1. Jan.	Neujahr
15. März	Tag des Unabhängigkeitskampfs von 1848/49
5. April 2021, 18. April 2022	Ostermontag
1. Mai	Tag der Arbeit
24. Mai 2021, 6. Juni 2022	Pfingstmontag
20. Aug.	St.-Stephans-Tag
23. Okt.	Tag der Republik, Gedenken an den Aufstand von 1956
1. Nov.	Allerheiligen
25./26. Dez.	Weihnachten

BANKEN & GELD

Das Zahlungsmittel in Ungarn ist der Forint (Ft., HUF); Anhaltspunkt zur Umrechnung: 1000 Ft. = ca. 3 Euro *(oanda.com)*. Das größte Filialnetz hat die Landessparkasse *OTP (Országos Takarékpénztár)*, meist Mo–Do 8–17 und Fr 8–13 Uhr geöffnet. Visa- und Mastercard werden in Hotels, Restaurants und Geschäften akzeptiert.

Geldautomaten gibt es in fast allen Orten. Die Gebühren sind in Ordnung. Fall aber nicht auf den Trick herein, wenn der Bankomat dir einen festen Euro- oder Franken-Betrag beim Abheben von Forint anbietet. Tatsächlich geht dann nur dieser Betrag von deinem Konto runter – aber günstiger ist es fast immer, in Forint abzuheben, die Bank die Umrechnung machen zu lassen und dann ein paar Euro Gebühren in Kauf zu nehmen.

CAMPING

Die Campingplätze sind in drei Kategorien eingeteilt und entsprechend mit Sternen bewertet. Öffnungszeiten: meist Mai bis Anfang/Mitte September, oft auch schon im April, manchmal bis Oktober. Wild campen darf man nirgendwo. Auskunft: *Magyar Kempingek Szakmai Szövetsége | Martinovics utca 1/B | 8360 Keszthely | Tel. 83 31 44 22 | camping.hu*

EINTRITTSPREISE

Die Eintrittspreise für Sehenswürdigkeiten, Museen und Ausstellungen liegen relativ stabil zwischen 1000 und 3000 Ft. – in Budapest und bei ganz besonderen Attraktionen eher an der Obergrenze, in der Provinz auch mal darunter. Die Tageskarte am Balatonstrand kostet (wenn überhaupt gebührenpflichtig) unter 1000 Ft., der Eintritt in ein großes Thermalbad in Budapest je nach Besuchsdauer und Sonderleistungen 5000 Ft. oder mehr.

INTERNETZUGANG & WLAN

In den meisten Cafés, Restaurants, Hotels und Pensionen, auf Campingplätzen und gelegentlich auch mitten in der Stadt gibt es WLAN-Hotspots (meist mit „WiFi" gekennzeichnet). Manchmal sind es offene Netze, manchmal mit Passwort geschützt.
Das Surfen per Smartphone kostet nicht mehr als zu Hause. Wer trotzdem sparen will, sollte sich die App „Maps me" herunterladen, die man sogar offline als Navi nutzen kann.

INSIDER-TIPP
Offline durchs Land navigieren

ÖFFNUNGSZEITEN

Öffnungszeiten schwanken oft stark je nach Saison. Am Balaton dauert die Saison normalerweise von Mai bis August (Hochsaison ab Mitte Juni), im Donauknie und in den Nationalparks der Tiefebene zumeist bis Ende Oktober. Kommen nur wenige Besucher, wird geschlossen. Das gilt für Museen, aber auch für viele Restaurants, Hotels und Pensionen, vor allem in kleineren Orten.

POST

Postämter sind meistens Mo–Fr 8–18 und Sa 8–13 Uhr geöffnet.
Das Porto für Postkarten und Briefe (bis 20 g) in europäische Länder beträgt 400 Ft. (Standard) bzw. 445 Ft. (Luftpost). *posta.hu*

WAS KOSTET WIE VIEL?

Kaffee	2,50 Euro *für einen Latte Macchiato*
Wein	2 Euro *für ein Glas (0,2 l) im Restaurant*
Eintritt	ab 12 Euro *für ein Budapester Thermalbad*
Benzin	ca. 1,20 Euro *für 1 l (95 Oktan)*
Souvenir	ca. 6 Euro *für ein 100-g-Säckchen Paprika*
Fahrkarte	ca. 5 Euro *für ein Tagesticket (Bus und Bahn) in Budapest*

STROM

Die Netzspannung in Ungarn beträgt die weitgehend üblichen 220 Volt Wechselstrom.

TELEFON & HANDY

Telefonzellen gibt es kaum noch. Bei Ortsgesprächen aus dem Festnetz entfällt die Ortsvorwahl (z. B. für Budapest 1). Bei Ferngesprächen innerhalb Ungarns musst du zuerst 06 wählen, dann die Vorwahl und die Teilnehmernummer. Bei Gesprächen aus dem Ausland kommt zuerst die ungarische Landesvorwahl 0036 (+36), dann die Vorwahl und die Teilnehmernummer. Bei Auslandsgesprächen wählst du als Erstes die Landesvorwahl (Deutschland 0049, Österreich 0043, Schweiz 0041), dann die Ortsvorwahl ohne Null und die Teilnehmernummer.

Ungarische Handynummern sind siebenstellig und haben normalerweise die Vorwahl 20, 30 oder 70. Auch hier wird grundsätzlich die 06 vorangestellt. Auch vom ungarischen Handy ins ungarische Festnetz wählt man immer 06, dann die Vorwahl, dann die Rufnummer. Die Handyanbieter sind T-Mobile *(t-mobile.hu)*, Telenor *(telenor.hu)* und Vodafone *(vodafone.hu)*.

TRINKGELD & SERVICEGEBÜHR

In der Gastronomie ist ein Trinkgeld in Höhe von 10–15 Prozent des Rechnungsbetrags üblich. Auch Friseure bekommen ein Trinkgeld. Eine Servicekraft an der Tankstelle bekommt z.B. 200 Ft. Restaurants dürfen eine Servicegebühr von bis zu 15 Prozent erheben. Davon fließen 81 Prozent in die Rentenkasse, der Rest wird ans Personal ausgeschüttet.

VERGÜNSTIGUNGEN

Für EU-Bürger im Rentenalter (ab 65, oft schon ab 63, manchmal auch erst ab 70 Jahre), gibt es viele Vergünstigungen. So können sie öffentliche Verkehrsmittel (Bahn, Busse, U-Bahn) landesweit kostenlos benutzen, bei den Linienschiffen am Balaton erhalten sie 50 Prozent Rabatt. Die beste Karte ist die *Budapest Card (budapestinfo.hu)*; es gibt sie für 24, 48, 72, 96 und 120 Stunden (6490/9900/12 990/15 990 und 18 990 Ft.), und du kannst sie am besten vor der Abreise online kaufen. Vom öffentlichen Nahverkehr bis hin zu vielen Eintritten stecken in der Karte eine Menge Services. Die *Ungarn Card (hungarycard.hu)* kostet 8000 Ft. (Standard, die Premiumversion 14 000 Ft.); sie bietet Ermäßigungen bei Unterkünften und vielen touristischen Dienstleistungen.

ZOLL

Waren für den persönlichen Bedarf können in Mengen, wie sie in der EU erlaubt sind, ein- und ausgeführt werden (z. B. 10 l Spirituosen und 60 l Schaumwein). Für Schweizer gelten andere Mengen. *zoll.de | bmf.gv.at/zoll | zoll.ch*

NOTFÄLLE

DIPLOMATISCHE VERTRETUNGEN

– Botschaft und Konsulat der Bundesrepublik Deutschland:
Mo–Fr 9–12, Do (Juni–Aug. Mo–Do) auch 13.30–15.30 Uhr (nur nach Terminvereinbarung) | Úri utca 64–66 | Budapest | Tel. 1 4 88 35 00 (in Notfällen auch außerhalb der Bürozeiten) | budapest.diplo.de

Botschaft und Konsulat der Republik Österreich:
Mo–Fr 9–11 Uhr | Benczúr utca 16 | Budapest | Tel. 1 479 70 10 | bmeia.gv.at/oeb-budapest
Botschaft der Schweiz:
Stefánia út 107 | Budapest | Tel. 1 460 70 40 | eda.admin.ch/budapest | Besuch nur nach Vereinbarung

GESUNDHEIT

Erste Hilfe ist für Ausländer kostenlos. Impfungen sind nicht vorgeschrieben, eine Vorsorge gegen Zecken ist aber sehr zu empfehlen (nimm zumindest eine Zeckenzange mit ins Gepäck). Wichtig ist auch Mückenschutz.
Die Versorgung mit Ärzten, medizinischen Zentren und Krankenhäusern ist recht gut, besonders in den touristischen Gegenden. Auch Apotheken (*Patika* oder *Gyógyszertár*) stehen sehr zahlreich zur Verfügung. Patienten mit einer Auslandskrankenversicherung werden normalerweise problemlos aufgenommen.
Bei Ärzten kommt man in Westungarn oft mit Deutsch zurecht, sonst eher mit Englisch. Spezialisiert haben sich in Ungarn die Zahnärzte auf ausländische Patienten, besonders aus Deutschland, Österreich und der Schweiz. Sie werben mit Qualität zu deutlich niedrigeren Preisen.

NOTRUFE

Rettungsdienst *(mentők): Tel. 104*
Feuerwehr *(tűzoltók): Tel. 105*
Polizei *(rendőrség): Tel. 107*
Allgemeiner Notruf: *Tel. 112*
Das Ungarische Tourismusamt hat für alle Notlagen – auch falls es Verständigungsprobleme bei der Polizei geben sollte – einen 24-Stunden-Infoservice eingerichtet (u. a. auf Deutsch u. Englisch): *Tel. 1 438 80 80.*

WETTER IN BUDAPEST

	JAN.	FEB.	MÄRZ	APRIL	MAI	JUNI	JULI	AUG.	SEPT.	OKT.	NOV.	DEZ.
Tagestemperaturen	2°	4°	11°	17°	22°	26°	28°	27°	23°	16°	8°	3°
Nachttemperaturen	-3°	-2°	2°	6°	11°	14°	16°	15°	12°	7°	3°	-1°
Sonnenschein Stunden/Tag	2	3	4	6	8	8	9	9	7	5	2	1
Niederschlag Tage/Monat	8	7	7	7	9	8	7	6	6	8	9	9

Sonnenschein Stunden/Tag   Niederschlag Tage/Monat

SPICKZETTEL UNGARISCH

SMALLTALK

ja/nein/vielleicht	igen/nem/talán	igän/näm/tollahn
bitte	kérem	kehräm
danke	köszönöm	kössönöm
Gute(n) Morgen!/Tag!/ Abend!/Nacht!	Jó reggelt!/napot!/ estét!/éjszakát!	Joh räggält/noppot/ äschteht/ehssokkaht
Hallo!/Auf Wiedersehen!	Halló!/Viszontlátásra!	holloh/ wissontlahtahschro
Tschüss!	Szia; Sziasztok!	ssio; ssiosstok
Ich heiße …	…-nak hívnak.	…-nokk hihfnokk
Wie heißt du?/Wie heißen Sie?	Hogy hívnak?/Hogy hívják Önt?	hodj hihfnokk?/hodj hihfjahk öhnt?
Entschuldige!/ Entschuldigen Sie!	Bocsáss meg!/ Bocsásson meg, kérem!	botschahsch mäg/ botschahschonn mäg, kehräm
Wie bitte?	Tessék?	täschschehk?
Das gefällt mir (nicht).	Ez (nem) tetszik.	äs (näm) täzzik

ZEIGEBILDER

ESSEN & TRINKEN

Die Speisekarte, bitte.	Az étlapot kérem.	os ehtlopot kehräm
Könnte ich bitte … haben?	Hozna nekem kérem …?	hossno näkäm kehräm …?
Salz/Pfeffer/Zucker	só/bors/cukor	schoh/borsch/zukor
Essig/Öl	ecet/olaj	äzät/oloj
Milch/Sahne/Zitrone	tej/tejszín/citrom	täj/täjssihn/zitrom
mit/ohne Eis/ Kohlensäure	jéggel/jég nélkül/ szénsavas	jehgäl/jehg nehkül/ ssehnschowosch
Vegetarier(in)/Allergie	vegetáriánus/allergia	wägätahriahnusch/ olärgio
Ich möchte zahlen, bitte.	Fizetni szeretnék, kérem.	fisätni ssärätnehk kehräm
Rechnung/Quittung	számla/nyugta	ssahmlo/njugto
bar/Kreditkarte	készpénz/hitelkártya	kehspehns/ hitälkahrtjo

NÜTZLICHES

Wo ist …?/Wo sind …?	Hol van …?/ Hol vannak …?	hol wonn …?/ hol wonnokk …?
Darf ich Sie/hier fotografieren?	Szabad itt/Önt fényképezni?	ssobod iht/öhnt fehnjkehpessni?
Wie viel Uhr ist es?	Hány óra (van)?	hahnj ohro (wonn)?
heute/morgen/gestern	ma/holnap/tegnap	mo/holnopp/tägnopp
Wie viel kostet …?	Mennyibe kerül …?	männjibä kärül …?
offen/geschlossen	nyitva/zárva	njitwo/sahrwo
billig/teuer	olcsó/drága	oltschoh/drahgo
Fahrplan/Fahrschein	menetrend/menetjegy	mänätränd/mänätjädj
Internetzugang	internethozzáférés	internäthossahfehrehsch
Apotheke/Drogerie	gyógyszertár/drogéria	djohdjssärtahr/ drogehrio
kaputt/funktioniert nicht	rossz/nem működik	ross/näm mühköddikk
Panne/Werkstatt	defekt/műhely	däfäkt/mühhäj
Verbot/verboten	tilalom/tilos	tilollom/tillosch
0/1/2/3/4/5/6/7/8/9/10/ 100/1000	nulla/egy/kettő; két/ három/négy/öt/hat/ hét/nyolc/kilenc/tíz/ száz/ezer	nullo/ädj/kettöh; keht/hahrom/nehdj/ öt/hott/heht/njolz/ kilänz/tihs/ssahs/äsär

LESESTOFF & FILMFUTTER

E GLUT

chriftsteller Sándor Márai starb m US-Exil, erfuhr aber seitdem gewaltige Renaissance. Ausifend, poetisch, emotional, auch schwülstig, ganz tief aus der ischen Seele (1942).

E PAPRIKANTIN – UNGARN ANFÄNGER

unge deutsche Frau wird als kantin ins bunte Budapester Leeworfen. Der Roman von Lysann ist auch über zehn Jahre nach inen immer noch eine leichte, e und witzige Lektüre (2008).

ROMAN EINES SCHICKSALLOSEN

Meisterwerk (1975) des Literaturnobelpreisträgers Imre Kertész. Unter dem Titel „Fateless" erzählt Regisseur Lajos Koltai die Geschichte des jüdischen Jungen György Köves als Film (2005). Szenen zu den Konzentrationslagern Auschwitz und Buchenwald wurden in Piliscsaba gedreht.

KONTROLL

Ein Thriller mit Comedy-Elementen von Nimród Antal, der ausschließlich in der unterirdischen Welt der Budapester Metro spielt (2003).

PLAYLIST QUERBEET

0:58

EDDA – A KÖR
In den Siebzigern gegründete Rockband, die es auch 2019 noch zur Nr. 1 der Albumcharts schaffte

JOCI PÁPAI – ORIGO
Der achte Platz beim ESC 2017 war für Ungarn musikalisch ein Erfolg

VERONIKA HARCSA – TOO EARLY
Großartige Jazzsängerin, egal ob auf Ungarisch oder Englisch

JOHANNES BRAHMS – UNGARISCHER TANZ NR. 5
Brahms war zwar kein Ungar, aber diese Melodie liebt einfach jeder

JÁNOS BRÓDY – HUNGARIAN BLUES
Legendärer ungarischer Sänger, Songwriter und Gitarrist

HERCEG x DÉR HENI x BURAI – DICAPRIO
Ungarische Popmusik anno 2019, klingt etwas orientalisch

Den Soundtrack zum Urlaub gibt's auf **Spotify** unter **MARCO POLO Hungary**

Oder Code mit Spotify-App scannen

AB INS NETZ

UNGARN-TV.COM
Hier gibt's sehr viele, sehr aktuelle Infos rund um Ungarn. Von den neuesten Nachrichten bis hin zu Hunderten Tipps und Filmen für Reisende. Alles auf Deutsch

BKK FUTÁR
Wenn du ein bisschen mehr Zeit in Budapest verbringst, dann hol dir diese App. Mit der kannst du nicht nur Tickets kaufen und hast alle Fahrpläne und Verbindungen, sondern auch ständige Echtzeitinfos über Busse und Bahnen

FREE HUNGARIAN BY NEMO
Die App bietet eine erste Übersicht mit 100 ungarischen Phrasen und einem Aussprachetrainer

UNGARNINFO.ORG
Eine privat betriebene Website mit einer Fülle interessanten Lesestoffs

PESTERLLOYD.NET
Deutschsprachige Zeitung in Ungarn mit stolzer Tradition, die nur noch online erscheint. Eine der letzten furchtlosen Stimmen gegen Orbáns Regierung

TRAVEL PURSUIT

DAS MARCO POLO URLAUBSQUIZ

Weißt du, wie Ungarn tickt? Teste hier dein Wissen über die kleinen Geheimnisse und Eigenheiten von Land und Leuten. Die Lösungen findest du in der Fußzeile. Und ganz ausführlich auf den S. 18–23.

❶ Wie heißt der Kunststil, der im 18. Jh. in Ungarn voll angesagt war und spätbarocke Einflüsse hatte?
a) Jugendstil
b) Klassizismus
c) Zopfstil

❷ Welche protestantische Glaubensrichtung hat trotz jahrhundertelangen katholischen Einflusses in Ungarn bis heute überlebt?
a) Baptismus
b) Calvinismus
c) Methodismus

❸ Wie wird die deutsche Minderheit in Ungarn in der Regel genannt?
a) Holstein-Magyaren
b) Balaton-Bayern
c) Donauschwaben

❹ Wofür steht die Bezeichnung k. u. k. der Habsburger-Monarchie?
a) König und Krone
b) kaiserlich und königlich
c) Kaiser und König

❺ Was bedeutet der Name der Steppenlandschaft „Puszta" wörtlich übersetzt?
a) Leere / Ödnis
b) Heide
a) Staubiger Wind

Lösungen: 1c, 2b, 3c, 4b, 5a, 6a, 7b, 8a, 9c, 10b, 11c

Innenraum der Reformierten Kirche (1517) in Szentgyörgyvölgy

❻ Wie begann Regierungschef Viktor Orbán seine politische Karriere?

a) als liberaler und weltoffener Demokrat

b) als streng nationalistischer Populist

c) als Gras rauchender Hippie

❼ Wo traten die Foo Fighters, Ed Sheeran und Florence & The Machine schon auf?

a) Balaton Sound Festival

b) Sziget Festival auf der Budapester Margareteninsel

c) Oper von Pécs

❽ Wie heißt eine klassische, einfache Konditorei in Ungarn?

a) cukrászda

b) kávéház

c) konditoreja

❾ Mit welchen Sprachen ist das Ungarische noch am ehesten verwandt?

a) Slowakisch und Tschechischl

b) Serbisch und Kroatisch

c) Finnisch und Estnischl

❿ Wie heißt eine klassische ungarische Fischsuppe?

a) fisérlé

b) halászlé

c) matjesérlé

⓫ Wie werden in Ungarn Namen von Personen dargestellt?

a) erst Vorname und dann Nachname

b) nur Vorname und Vatersname

c) erst Nachname, dann Vorname

REGISTER

LOB ODER KRITIK? WIR FREUEN UNS AUF DEINE NACHRICHT!

Trotz gründlicher Recherche schleichen sich manchmal Fehler ein. Wir hoffen, du hast Verständnis, dass der Verlag dafür keine Haftung übernehmen kann.

MARCO POLO Redaktion • MAIRDUMONT • Postfach 31 51
73751 Ostfildern • info@marcopolo.de

Impressum
Titelbild: Schwimmende Fischerhäuser in Bokod, Komáron-Esztergom (huber-images: Lucie Debelkova)
Fotos: DuMont Bildarchiv: Freyer (11); huber-images: R. Schmid (Klappe vorne außen, Klappe vorne innen, 1, 44, 69, 70), L. Vaccarella (78/79); iStock: I. Szabó (90), G. Tivadar (26/27); iStock/markborbely (38/39); iStock/martin-dm (9); iStock/simonkr (32/33); Nils Kern (147); Laif: M. Galli (6/7, 53, 104, 128), E. Häberle (19), T. & B. Morandi (89), D. Schwelle (14/15, 75); Laif/robertharding: S. Black (8), I. Trower (43); Look/Photononstop (99, 108/109); Look/robertharding (50); mauritius images: J. Warburton-Lee (60); mauritius images/Alamy: Z. Bagosi (103), T. Bognar (30/31), G. Kirsch (76), V. Preusser (46), R. Semik (28), S. Szabo (55), P. Williams (107, 115); mauritius images/Alamy/frantic (24/25); mauritius images/Alamy/Michal Fludra travel (116, 119); mauritius images/imagebroker: B. Zoller (131); mauritius images/Prisma: B. J. Fiedler (64/65); mauritius images/robertharding: M. Lange (142/143); mauritius images/World Pictures (35); picture-alliance/AP Photo/MTI: M. Balazs (135); Shutterstock: K. Basel (27), M. De Coensel (12/13), B. Horvath (62, 126, 144/145), A. Krasnevsky (84), V. Loki (113), S. Park (Klappe hinten), F. Robert (120); Shutterstock/Andocs (122/123); Shutterstock/evryka (22/23); Shutterstock/gabczi (56); Shutterstock/milosk50 (20); Shutterstock/Pecold (94/95); Shutterstock/posztos (132/133); Shutterstock/Sharp_eye (10); Shutterstock/V_E (2/3); vario images/imagebroker (73); Visum: S. Kiefer (31), M. Zwick (93, 100); Visum/Landmarker: R. Nobel (87)

16. Auflage 2021, komplett überarbeitet und neu gestaltet

Autoren: Nils Kern, Rita Stiens; Redaktion: Arnd M. Schuppius; Bildredaktion: Veronika Plajer
Kartografie: © MAIRDUMONT, Ostfildern (S. 36–37, 124, 127, 130, Umschlag außen, Faltkarte);
© MAIRDUMONT, Ostfildern, unter Verwendung von Kartendaten von OpenStreetMap, Lizenz CC-BY-SA 2.0 (S. 40–41, 49, 59, 66–67, 80–81, 83, 96–97, 110–111)
Als touristischer Verlag stellen wir bei den Karten nur den De-facto-Stand dar. Dieser kann von der völkerrechtlichen Lage abweichen und ist völlig wertungsfrei.
Gestaltung Cover, Umschlag und Faltkartencover: bilekjaeger_Kreativagentur mit Zukunftswerkstatt, Stuttgart; Gestaltung Innenlayout: Langenstein Communication GmbH, Ludwigsburg
Spickzettel: in Zusammenarbeit mit PONS GmbH, Stuttgart
Texte hintere Umschlagklappe: Lucia Rojas; Konzept Coverlines: Jutta Metzler, bessere-texte.de. Printed in China

MARCO POLO AUTOR
NILS KERN
Nils Kern lebt als Journalist, Autor von Reiseführern und Übersetzer in Polen. Ungarn entdeckte er erstmals Mitte der 1990er-Jahre bei einem Urlaub mit seiner Frau. Seitdem erkundete er das Land auf zahlreichen umfassenden Reisen und lernte es im Wandel der ereignisreichen letzten 20 Jahre kennen. Besonders gut gefällt ihm die Gastlichkeit der „Zimmer frei"-Privatvermieter.

BLOSS NICHT!

FETTNÄPFCHEN UND REINFÄLLE VERMEIDEN

AUF DER STRASSE GELD WECHSELN

Das soll es ja immer noch geben, dass Leute glauben, einen guten Deal beim Umtausch zu machen. Erstens kommst du so ganz schnell an Falschgeld. Zweitens bist du selbst schuld, wenn du z. B. ein anderes Geldbündel bekommst als das, welches dir vorgezählt wurde.

OHNE KONTROLLE TAXI FAHREN

Achte bei Taxifahrten bitte immer darauf, dass der Taxameter eingeschaltet ist. Bei Fahrten zu Zielen außerhalb des Orts wird oft auch die Rückfahrt berechnet. Doch mancher Fahrer hat so seine eigenen Vorstellungen davon, wo die Ortsgrenze liegt.

DEN BLEIFUSS AUSPACKEN

Wer beim Rasen erwischt wird, muss überall die Geldbörse zücken. Aber im sonst preislich so moderaten Ungarn tut es so richtig weh: Wer außerorts nur 15 km/h drüber liegt, muss bereits fast 100 Euro abdrücken. Bei 45 km/h oder mehr wird man um ca. 200 Euro entlastet.

JEDEN PREIS AKZEPTIEREN

Beim Kauf von Souvenirs erkennen die Händler auf den Märkten natürlich einen Touristen von Weitem. Und nennen flugs einen etwas stolzeren Preis für die Tischdecke oder die Lederjacke. Ein bisschen hartnäckiges Handeln gehört einfach zum Spaß dazu. Und am Ende respektiert dich der Händler sogar dafür.

DIE EINHEIMISCHEN BELEHREN

Die politischen Neuigkeiten aus Ungarn waren zuletzt ja nicht wirklich prickelnd. Und gegen eine kleine Diskussion unter Europäern ist ganz sicher nichts einzuwenden. Nur Besserwisserei können die stolzen Magyaren gar nicht ab – selbst wenn sie gar nicht auf Regierungslinie liegen.